我们从哪里来？我们走向何方？中国到了今天，我无时无刻不提醒自己，要有这样一种历史感。

——习近平

摘自习近平总书记在北京会见第二届“读懂中国”国际会议外方代表时的谈话（《人民日报》2016年1月5日）

读懂中国

读懂中国丛书

读懂中国丛书

礼在中国

李肇星　王静云　主编

CIPG | China Foreign Languages Publishing Administration 中国外文出版发行事业局
外文出版社 FOREIGN LANGUAGES PRESS

总　序

郑必坚

读者面前的这套丛书，有一个总题目，叫作：读懂中国。

为什么要提出"读懂中国"的问题呢？

你看，当今世界发生的变化，可谓天翻地覆，令人目不暇接。最大的变化，莫过于中国。

从20世纪中叶新中国成立以来，特别是最近这40年时间，就使一个多达十三亿多人口的贫穷落后的东方大国，实现了跨越式大发展，迅速成为世界第二大经济体。

人们自然会问：在中国，究竟发生了什么事情？中国快速发展的奥秘究竟是什么？

人们自然也会问：一个正在强起来的中国，和世界怎么相处？

于是乎，问题套问题，疑虑叠疑虑，"中国威胁论""中国崩溃论"，"修昔底德陷阱""中等收入陷阱"，这"论"那"论"，这"陷阱"那"陷阱"，纷纷指向中国。

毫无疑问，中国人应当坚定不移地走自己的路，把自己的事情办好。而这本身就包含着，为了回答人们的关切、问题和疑虑，必须做好一件事:“读懂中国”。

为此，由我主持的国家创新与发展战略研究会发起，联合中国人民外交学会，和国际知名智库21世纪理事会合作，在2013年11月和2015年11月先后举办了两届“读懂中国”国际会议。

这两次重要的国际会议，得到了中共中央总书记、国家主席习近平的重视和支持，亲自到会同与会外国嘉宾座谈。国务院总理李克强和副总理张高丽分别出席了第一届和第二届会议，并在会上作了开幕演讲。中共中央和国务院许多部门的领导同志，也到会同来自世界各国的政要和专家学者进行面对面的交流，回答大家提出的问题。

会议取得的成功，给我们的最大启示是：只要直面问题，只要心诚意真，只要实事求是且生动具体地讲好中国故事，讲好中国共产党的故事，讲好中国和世界相处的故事，将大有利于关心中国的人获得新知，怀疑中国的人逐步释惑。

为此，我们设想，把“读懂中国”的国际会议搬到书本上，搬到视频上，搬到网络上，在更大的场合，用更加生动的形式，回答人们的关切、问题和疑虑。

这一设想，不仅得到了有关部门的大力支持，不仅得到了中国外文局和外文出版社的大力支持，而且得到了一批对这些问题有亲身实践经验和较深研究的专家学者和领导同志的大力支持，为丛书撰稿。

这就是读者面前这套丛书的由来。现在编辑出版的还只是这套丛书的第一辑，以后还会有第二辑、第三辑以至更多的好书问世；现在这一辑主要是中国作者的作品，以后还会有其他国家作者的作品。

不仅是丛书，以后还会有配套的电视专题片和网络视频，陆陆续续奉献给大家。

在我们看来，“读懂中国”，包括“读懂中国共产党”“读懂中国和世界的关系”，是一个宏大的事业。

让我们共同以极大的热情，来关注这一事业、参与这一事业！

二〇一八年三月

总 序 二

郑必坚

在全国人民共同庆祝中国共产党成立100周年之际，我们的“读懂中国”丛书第二辑又摆在了读者的面前，外文版也将在近期面世。

2018年，“读懂中国”丛书第一辑（中英文版）在第三届“读懂中国”国际会议上举行首发式，几年来，我们陆陆续续收到读者的反馈，无论是有关部门的领导，还是专家、学者、媒体人士，以至我们的海外读者们，都对我们的丛书给予了高度评价。在此，向你们表示衷心的感谢！正是你们的关心和关注，才使得我们的丛书更有分量、更显智慧、更具价值。

为什么要组织编写“读懂中国”丛书呢？对于这个问题，我在丛书“总序”中已经给读者作了解答。在这里我想强调的是，在2015年由国家创新与发展战略研究会、中国人民外交学会和21世纪理事会共同举办的第二届“读懂中国”国际会议上，习近平总书记在同外方政要和专家学者座谈时讲到“读懂中国”是向世界介绍中国的一个很好的平台，他还说：“我们从哪里来，我们走向何方？中国到了今天，我无时无刻不提醒自己要有这样一种历史感。”事实上，中国从哪里来、中国走向何方，也是人们长久以来对中国这个世界第二大经济体所提出的问题和疑虑。于是，我萌生了组织各方面专家学者编写“读懂中国”丛书的想法。

“读懂中国”丛书都讲了些什么？在中国特色社会主义已经进入新时代的今天，要“读懂中国”最重要的自然就是要读懂新时代的中国，而要读懂新时代的中国，最重要的自然就是要读懂习近平新时代中国特色社会主义思想。因此，国家创新与发展战略研究会在中央领导的肯定和有关部门的指导下，在中国外文局和外文出版社的大力支持下，邀请了一批有丰富实践经验、并对中国问题有着深刻观察和研究的专家学者，就习近平新时代中国特色社会主义思想和改革开放四十多年所走过的道路，特别是中共十八大以来以习近平同志为核心的党中央治党治国治军的重要决策、重大进展及面临的新形势新挑战等海内外关注的焦点问题作出专门论述。

“读懂中国”丛书有什么值得推荐的吗？我以为，需要特别指出的至少有这么两点：一是内容上的实事求是，二是风格上的生动具体。“实事求是”是指我们的作者努力向大家展示一个真实、立体、全面的中国；“生动具体”是指纳入丛书的这些论著，不仅凝结着作者多年一贯的学术思考，而且展现了一个又一个有画面感的故事，毫不晦涩、毫不做作。

“讲好中国故事，讲好中国共产党的故事，讲好中国和世界相处的故事”，是帮助“关心中国的人获得新知，怀疑中国的人逐步释惑”的最好方式。我们是这么想的，也是这么做的。

“读懂中国”丛书第一辑获得广泛关注，让我们感到，这件事我们是做对了，我们抓“读懂中国”这个主题抓对了。特别是站在“两个百年”历史交汇点的今天，面临大变局、大考验，中国更要推动“读懂中国”这个宏大事业，包括“读懂中国共产党”“读懂中国和世界的关系”，从而逐步实现“大合作”。

这个事业不容易，但值得干。希望越来越多的朋友加入我们的事业，且给我们以指教。让我们一起努力！

二〇二一年六月

目　录

序　言

礼是中华文明的符号，是区别于其他国家和民族的标志。由礼，可以理解中国人的价值创造和伦理秩序；由礼，可以更深层次地理解中国人的家国天下理念乃至外交决策。

根据中华文明探源工程的研究，中国以礼安邦的源头至少可以追溯到5000多年前的良渚文明。礼文化作为中华文明的底层结构，其本质是建立合理的人间秩序。通过强烈的仪式感，建设内部社会的稳定秩序。从国家典制到建筑服饰，从婚丧嫁娶到言谈举止等，都体现着礼的精神。经过数千年的涵化发展，礼成为中国“百姓日用而不觉”的生活方式。人与人相见有礼，以示敬重不轻慢。礼的无所不在，显示出中华文明精神品质所达到的高度。

中国周朝诸侯国与国之间相交的价值原则是礼，国与国之间的友好外交来往是通过礼乐制度，建立外部的和谐秩序。礼对诸侯各国起到约束作用，塑造了当时良好的社会风气。春秋时期常被批评为“礼崩乐坏”，但我们仍能从《左传》中看到礼乐精神的延续。春秋时期两国交战往往不以杀伤为目的，比如，如果敌人在战场上受伤，那么需要立即停止战斗，让对方去养伤；也有交战双方因为看到对方守礼而主动停战的故事。那时，依礼行事，可为自己赢得美誉与支持，站在仁义有礼的一边，可成就伟业。

礼跨越时空伴随中国人走过几千年，至今仍在中国国家活动、社会生活、商务职场等中发挥不可替代的作用。新中国成立 70 周年庆典活动，习近平总书记用“气势恢弘、大度雍容，纲维有序、礼乐交融”来评价。重视礼乐，是中国传统文化的核心价值之一。礼序乾坤，乐和天地。礼是天之经，地之义，民之行，代表天地秩序在人间的表达；乐，是天地间的盛世和声，是文明与道德的彰显。以礼乐教化促成百姓修身养性、谦和有礼；以礼治国，威仪有序。这是中国礼乐文化的价值和意义所在。

新时代的中国人，将中华优秀传统文化进行创造性转化和创新性发展，尤其是在顶层设计层面与时俱进地建章立制，用传统的仁义精神与现代的规则意识共同构建新文化生态。从和平共处五项原则到共商共建共享、构建人类命运共同体，都蕴含着中华民族礼待天下的气度。

《礼在中国》旨在用礼让世界读懂中国，在对传统礼文化的剖析中展现深植于中国人内心深处的丰富文化力量，帮助世界理解中国人的行为方式、思维方式，让世界透过礼看到不一样的中国风采。

李肇星　王静云

第一章

礼仪之邦

中国素有“礼仪之邦”的美誉，其背后是一代又一代中国人创造的精神财富和人生信仰。中华文明历经五千年绵延不断，兼收并蓄，能够自我更新，拥有强大的生命力。“礼”作为中国文化的一项核心价值与制度，是中国文化的重要特征。

所谓礼仪之邦，在个人层面，体现为知廉耻、有道德、自律修身；在社会层面，体现为有秩序、重伦理、守规则；在对外层面，体现的是和平包容。在几千年的历史长河中，礼已经成为中国人的生活方式，是中国人的信仰，更是指挥社会运转的重要工具。中国人用礼的方式迎纳四方，增进彼此信任，促进经济往来、文化交流，为创造更安定的生活提供了保障。

在国际文化融合的大背景下，“礼仪之邦”在传统文化的基色下与时俱进，与传统的“纲常礼教”相比，更突出强调爱与包容、开放与融合、公平与正义，形成既传统又现代、既继承又创新的现代之礼，指引当下的中国人开辟精神文明的理想之域。

现代“礼”涉及个人、家庭、社会、国家等多个维度，体现当代的社会伦理道德关系，构建了全新的社会秩序规则，并通过丰富多元的形式表达，为人们所接受，逐渐渗透于社会的各个层面。中国的现代化进程，有礼的相随相伴，有礼在修身、齐家、治国、平天下不同层面保驾护航。

一、礼乐人间

“礼”作为一种语言符号，或可上溯至殷墟甲骨文与两周金文，在先秦诸典籍中更是大量出现。礼文化经历了漫长的发展过程，从最初的祭祀相关的行为，发展为人们的日常行为规范，最终成为中国古代政治制度的根本精神，以及政治秩序的总规范。我们的祖先将“礼”定位为重要价值观念，将其作为治国治家的理论基础。

儒家经典《周易》中说：“刚柔交错，天文也。文明以止，人文也。观乎天文，以察时变；观乎人文，以化成天下。”这也是“文化”一词的出处。中华文化强调文化对人的教化，运用诗书礼乐的文明来教化涵养百姓。中华文化对人有终极的关怀，以人为本是核心精神。中国传说中的创世神——盘古开天地，是宇宙自发的过程，并没有一个超越其上的造物主。盘古本身的肢体化成山川河流、苍天大地。宇宙的创造者和宇宙本身是一体的。从创世神话到民间信仰，在中国文化中，人的地位与天地同等，中国人信仰“天人合一”，这与西方以“神”为主的取向完全不同，也决定了中西两个文化系统的人们安身立命的立足点不同，这也就形成了中西不同的社会交往法则和处世价值观。

中国礼乐文明的底蕴奠定离不开两位伟大人物——周公和孔子。周公认为，国家的长治久安，要靠人性化的政策，要靠道德来赢得民心。为了保证这一理念的实施，他制订了一系列典章制度，包括政治礼乐制度、道德标准和行为准则等，史称“周公制礼作乐”。周公以道德建设为主旨，提出了勤政、无逸、戒酒、孝友等德目，要求臣下恪守。这样的制度是对人的精神关怀。礼是从外部来节制和规范人的行为，乐是从内部陶冶和优化人的性情。礼乐并进，促进人的自我和谐和社会的安定发展。孔子视周公为楷模，孔子认为礼乐可以安定人间秩序，可以和谐人的情感；若礼乐混乱，则国家难以为继，社会动荡不安。孔子一生在政治、教育、生活领域努力“承礼启仁”。

周公和孔子

周公，西周初重要政治家。姬姓，名旦。是周武王的弟弟。曾经辅佐武王灭商。武王克商后两年因病去世，当时成王年幼，如何巩固已取得的政权，是摆在周人面前的一个大问题，形势非常严峻，周公毅然摄政，肩负起巩固周王朝的重任。

孔子（前 551—前 479），名丘，字仲尼，鲁国陬邑（今山东曲阜）人。春秋时期思想家、教育家、政治家，儒家创始人。他以“仁”为核心，创造性地建构了一个富于哲学智慧的思想体系。他致力于教育事业，整理《诗》等古代典籍，删修《春秋》。孔子的思想学说主要汇集在《论语》中。

周公制礼作乐，奠定了中国封建社会以礼治国的政治基础。孔子崇仰周公，向往周礼，一生追求“克己复礼”，践行礼仪规范。汉武帝“罢黜百家，独尊儒术”，使得礼作为治理国家最重要的工具为政府所认可，对后世影响深远。宋朝经济文化发达，普通百姓对生活品质有更高的要求，于是原本存在于贵族间施行的礼仪开始走向民间，各种版本的家礼被百姓和学子追捧。明清礼制发展到涉及婚丧嫁娶、家庭日常生活、社会人际交往的细微之处，礼制观念渗透到普通民众的意识之中。孟德斯鸠在《论法的精神》中说："中国的立法者们主要的目标，是要使他们的人民能够平静地过生活。他们要人人互相尊重，要每个人时时刻刻都感到对他人负有许多义务；要每个公民在某个方面都依赖其他公民""中国统治者就是因为严格遵守这种礼教而获得了成功"。

"礼"在不同时代被不同学派、不同学者赋予了新的思想要素，不同的当政者也采用礼符号中的不同内涵来建构自己的政治论述和表达主张。受当时的思潮及文化水平的影响，礼的内涵和表现形式也存在不同。比如，先秦时期贵族礼仪强调"威仪观"，注重身体动作，强调揖让、言语的仪节。魏晋以后，"安静"的观念成为礼观念的重要演变结果①，认为内心安静则外在从容的这种思潮对人们

---

①甘怀真.《皇权、礼仪与经典诠释：中国古代政治史研究》[M].上海：华东师范大学出版社，2008.

的观念和行为产生了深远影响，逐渐形成了中国人独特的人格气质与儒雅风采。这种中国文化精神的积淀在宋人身上得到了完美的继承和展现，比如，“雅致”就成了凝聚宋人审美的生活追求。

辛亥革命之后，受西方文化的影响，中国传统的礼仪规范及制度，受到强烈冲击。五四新文化运动反对腐朽、落后的礼教，提倡继承、完善、推广符合时代要求的礼仪，抛弃那些繁文缛节的礼仪。同时，接受了一些国际上通用的礼仪形式。新的礼仪标准、价值观念得到认可和传播。改革开放以来，随着中国与世界的交往日趋频繁，西方一些礼仪文化观念陆续传入中国，被普遍接受，同中国的传统礼仪一道融入社会生活的各个层面，造就了中国当代独特的礼文化。

尽管繁复的“礼”已经淡出人们的生活，然而礼的观念伴随中国人2000多年，已渗透在中国人的血液之中，在如今的生活中仍可以看到“礼”的传统。在山东、广东、福建以及江浙地区，民间传统的礼仪风俗还有相对完整的保存。中国人因“礼”精神的存在，而不同于其他民族、其他国家、其他文化。人们在自我修炼中追求儒雅有致，在举手投足中做到进退有度，在你来我往中讲究礼尚往来；团聚品尝食物时，“让”字为先；对长者尊者，“敬”置于心中；与他人相处，以“和”为贵。诸如此类，“礼”在所有的细节中体现中国人的宇宙观、价值观、审美观以及人文精神。几千年来，礼的价值观温润和守护着中国人的心灵，韵化了中国人温柔敦厚的性格。因此，用“礼”来理解中国人思想和行为模式是最简单有效的途径。

二、儒家思想中的礼

儒学集中表达了中国传统社会的文化精神，“儒家思想是在华夏民族文化积累和华夏社会心理基础上形成的。经过自身的发展和社会的选择，它成为封建社会的统治思想，成为中国封建文化的核心，对汉民族乃至整个中华民族文化的发展产生了决定性的影响”①。

著名的历史学家钱穆先生说，礼是中国文化的核心。②

① 许殿才．中国文化通史：秦汉卷［M］．北京：北京师范大学出版社，2009.

②（美）邓而麟．钱穆与七房桥世界［M］．蓝桦，译．北京：社会科学文献出版社，1995.

儒家说的礼，一般包括“乐”在内，因此“礼”和“礼乐”实际上是同一个概念。礼乐并称，强调和而有别，礼以治躬，乐以治心。狭义的礼，是指一种合乎道德要求的行为规范。广义的礼包括合乎道德要求的治国理念和典章制度，以及切于民生日用的交往方式等。

儒家以礼治国，安定社会秩序，体现等级尊卑，礼制对中国古代社会的安定繁荣起到根本的促进作用。礼是从祭祀起源，在实践中衍生出的日常生活规范和观念。由国家制定礼典制度，进而成为全社会，特别是统治阶级的规范，是中国古代政治文化的一大特色。在不同的朝代，统治阶级都会根据统治的需要对礼制进行调整，既会有继承，也会有创新，以区别于前朝。中国就是在这样的历史发展中由礼构建出了一套特有的管理社会秩序的方式和人伦格局，成为儒家政治理念的实践形式。

中国的礼制包含两种最重要的理念：一方面是作为一套仪式，可用来培养个体的教养，也可用来进行社会集体性活动；另一方面，礼制作为国家典章制度，被用来塑造合理、和谐的人间秩序。

礼作为一种规范人间的秩序，涵盖一般人民的日常生活，如男女、长幼、尊卑的人伦关系，以及生命礼俗。要实现这一理想秩序，就要通过教化而使人民达到有礼的境界。经学家钱玄先生说，礼的范围之广，“与今日‘文化’之概念相比，或有过之而无不及”。他在《三礼辞典》的自序中说：“今试以《仪礼》《周礼》及大小戴《礼记》所涉及之内容观之，则天子侯国建制、疆域划分、政法文教、礼乐兵刑、赋役财用、冠昏丧祭、服饰膳食、宫室车马、农商医卜、天文律历、工艺制作，可谓应有尽有，无所不包。”

《论语·学而》里说：“君子务本”。所谓本，就是修身。修身是齐家、治国、平天下的基础，而礼就是修身的工具，是成就君子风范的不二法门。概括地说，孔子的礼学思想包括“不学礼，无以立”，视礼为做人之根本；“非礼勿视，非礼勿听，非礼勿言，非礼勿动”，把礼作为判断一切社会成员言行正确与否的道德标准，以及获得社会信任的基础；“礼之用，和为贵”，强调与人为善，建立一种和谐的人际关系是礼的目的所在。孟子的礼学思想包括“恭敬之心，礼也”“老吾老以及人之老，幼吾幼以及人之幼”“爱人者，人恒爱之；敬人者，人恒敬之”。荀子提出“人无礼则不生，事无礼则不成，国家无礼则不宁”，主张在人际交往中以礼待人，注意尊敬他人。

儒家礼学经典

《周礼》《仪礼》《礼记》，合称“三礼”，是古代华夏礼乐文化理论形态，对历代礼制影响深远。

《周礼》：收入先秦时期社会政治、经济、文化、风俗、礼法诸制，堪称中国文化史之宝库。书中不仅记载了周王室和战国时期各国官职制度，详细论述了各种官职的名称和职权范围，还记述了祭祀、朝觐、封国、巡狩、丧葬等国家大典，以及用鼎制度、乐悬制度、车骑制度、服饰制度、礼玉制度等具体规范。许多制度仅见于此书，因而尤其宝贵。需要说明的是，《周礼》的制度规范并非以往社会的实际制度，而是一种指向未来的理想设计。

《仪礼》：是中国春秋战国时期的礼制汇编，现存17篇。主要记载古代贵族冠、婚、丧、祭、乡、射、朝、聘等方面的礼仪，对统治阶级和知识阶层的衣食住行、待人接物等作了详细的规定，是了解和研究春秋战国时期礼仪、制度的宝贵资料。

《礼记》：又名《小戴礼记》《小戴记》，为西汉礼学家戴圣所编。是中国古代重要的典章制度选集，共49篇，包括社会、政治、哲学、教育等各方面内容。其中的《曲礼》《大学》《中庸》等篇，有着十分丰富的伦理思想。《大学》所宣扬的“修身、齐家、治国、平天下”的思想，成为封建统治阶级奉行的伦理思想总纲领。

《左传》：是儒家经典“三礼”之外，内容中涉及礼的次数最多的著作。书中既有祭祀、朝仪之类的典礼，也有日常生活中合乎规范的仪式、行为。书中经常使用“君子曰”来论述礼的观念，指出非礼者不会成为未来天下的统治者，强调仪式的重要性以及身体的姿态所展示的神圣意义。

三、万物恒常有序

古人认为天下万物，恒常有序。古人为了顺利完成大型的生产及集体活动，在实践中创造了次序的理念，此理念成为中华礼学的重要原则。在主次关系理念指导下，在一先一后、一左一右、一上一下、东西南北的空间关系中来完成各种活动，并通过礼来规范，从而形成了中国独有的文化现象。这些对空间的认知，来源于古人对宇宙的最质朴感受，形成了中国传统文化的基色。

“王者必居天下之中，礼也”（《荀子·大略》），这样的政治意识形态在艺术作品、建筑设计、典礼仪式上都有深刻和具体的体现。“尚中对称”除了是礼仪秩序，更成为中国人的审美判断。皇城重要的建筑都在中轴线上。排座次时，核心人物在中间，次要人物以对称形式左右排序，从政府机构到民间聚会都严格遵守尚中对称的原则。

关于朝向的位序尊卑，清朝学者顾炎武认为：“古人之坐，以东向为尊”。古时大臣北面朝君，以东为上，按官位的高低从东往西排列，这样一来，官位高的总在右。《史记·廉颇蔺相如列传》中说，蔺相如做了上卿，位在廉颇之右，廉颇便很不服气。《史记·项羽本纪》中又有鸿门宴的座次安排：项王、项伯东向坐，亚父南向坐，沛公北向坐，张良西向侍。项羽东向坐，以尊者自居，让刘邦北向坐，不把刘邦当作与自己地位匹敌的宾客，以此来表示对他的蔑视。可见，古人对座次十分重视。在集体活动中，尊卑长幼都体现在所处的方位及座次上，一直到现今，不管是官方，还是民间，次序的观念深入中国人的内心。

东西南北是古人确定尊位的依据，体现出中国人朴素的宇宙观。太阳东升西落，东方朝气蓬勃，西方日落而衰，因追求吉祥的寓意，东方自然象征着无限希望。因此中国传统的建筑，坐北朝南，除了在采光通风方面利于居住者的健康外，更寄托着吉祥和美好的愿望。当坐北朝南时，人的左手在东方，右手在西方，以此衍生出左吉右凶的观念。堂屋是中国传统建筑，在中国的一些地区，仍可见到。若主人在堂屋接待客人，会请客人坐在自己的左手边，背北面南，也就是主人东侧的位置，在中国人的观念中这是尊贵的方位，是对来客的敬重。

中国古代礼制所反映的天人关系、等级关系、人伦关系、行为准则等，渗透到中国古代社会生活的各个领域。历代朝廷建立国家秩序的途径之一是实行建筑礼制。建筑的伦理化、秩序化成了建筑设计的目标，最能体现中国人次序的理念。建筑是传统礼制的一种象征与标志，是贯彻礼制等级制度的实体，大到城市、建筑组群、坛庙、庭院，小到斗拱、门钉、装饰色彩，甚至建筑材料的使用都纳入礼的规制。

《明会典》规定：公侯，前厅七间或五间，中堂七间，后堂七间；一品、二品官，厅堂五间九架；三品至五品官，后堂五间七架；六品至九品官，厅堂三间七架。为保持建筑物正中开门的特征，所以一般面阔间数为奇数。在间数中，往往以“九”“五”象征帝王之尊。9 间以上殿堂是皇帝专用的。清代的太和殿面宽 11 间、进深 5 间，是现存规格最高的单体木建筑。只有五品以上官吏所建的房屋梁柱间许施青碧彩绘，屋脊许用瓦兽。建筑的装饰色彩也有严格的等级规定。黄色在我国古代是最尊贵的色彩，庶人不可使用。这是因为在五行说中，黄色、金色代表中央，象征高贵与华丽。自唐代始，黄色被定为皇室特用的色彩。屋脊上排列的一系列生动有趣的吻兽，标志着建筑物的等级。建筑物等级越高，吻兽个数就越多。在古建筑

故宫太和殿屋脊上的 10 个走兽（视觉中国 佑正 摄）

上一般最多使用9个走兽，而故宫太和殿上有10个，这在中国宫殿建筑史上是独一无二的，显示了太和殿至高无上的重要地位。

民间百姓住的方合院住宅的建设地点、规模、形制必须遵守封建宗法等级位序的要求。这种住宅讲究南北东西正位，以坐北朝南为尊，以方正规整成院为体的格局。布局上必须有一条庄重的南北中轴主线，起着整个宅院的中枢神经作用。东西左右要对称，这样整个空间序位主次分明、井井有条。同时，这也给男女长幼有序等家庭礼教规矩奠定了基础。

方位观念和礼的位序不可分割，方位承天，礼序从人，体现天人合一的思想。根据中国传统礼仪观念，中国国内官方活动采取以左为尊的原则，主席台的座位安排、会谈会见排序等，左侧地位尊于右侧。而在对外交往时，遵循国际通行惯例，以右为尊。从领导人会晤、会谈会见、合影留念、国宴用餐的座次到国旗的摆放等，都体现以右为尊的原则。

四、敬字为先，诚信为本

一部中华文明史，“敬”文化贯穿始终。内心的恭敬是涵养的关键。心怀恭敬，为德之基准。儒家学说中，由“仁”而衍生出的恭、宽、信、敏、惠等诸多美好德行，也需要时刻保持一颗恭敬心方可获得。做人处世“敬字为先”是一种道德修养，也是古代治国的必备德行，它蕴含着儒家修身成仁的至高追求。

在先秦儒家著作中，“敬”的基本含义是恭敬、端肃、尊重。《周易·坤》曰：“君子敬以直内，义以方外。”这是说，君子主敬以使内心正直，处事合宜以使对外方正。《论语·子路》中，孔子在答樊迟问仁时说：“居处恭，执事敬，与人忠。虽之夷狄，不可弃也。”他把恭敬之德与忠诚之德并列。

《礼记》中有大量关于为礼必须端肃、恭敬的论述，对“敬”的伦理意义作了独到的阐发，在中国伦理史上首次提出了“敬让之道”的概念，并将此作为处理人际关系的重要道德规范；也首次提出了“敬业乐群”这个职业道德的核心概念。儒家礼育把敬放在首位，《礼记》开篇即说“毋不敬”。在儒家看来，礼最早作为祭祀的一种仪式，

“敬”是祀礼中最基本的一种情感。通过礼仪教化，可以使民众内心保持一份对人、对事、对天地万物的尊敬。一个人内心有了这份敬意，就不会苟且随便。故《孟子·离娄下》中有“礼者，敬人也”，《孝经》中有“礼者，敬而已矣”，可以说，“敬”是礼的根本精神，这已成为千百年来制礼与行礼者的共识。

宋代儒家学者体悟到“敬”是进行修养的最核心最重要的一环，程颢、程颐提出“涵养须用敬，进学在致知”的主敬思想。程颐说：“所谓敬者，主一之为敬。所谓一者，无适之谓一。”敬就是主一，即专心于一处，不被其他的事情分心。朱熹认为“敬字工夫，乃圣门第一义，彻头彻尾，不可顷刻间断”“敬之一字，万善根本，涵养、省察、格物、致知，种种工夫皆从此出”。由此不难看出“敬”在朱熹心中的地位，它是所有善的根本，是涵养心性、体察天理的重要途径。宋代学者对于敬的认识既有对《尚书》《礼记》及孔孟“敬”论的继承，也有在理学背景下的系统化与深化。经由以上几个阶段的发展演化，“敬”实现了外在规范与内在修养的统一。

中国人“敬”的精神还体现在尊师重道之中。尊师重道在中国历史悠久，尊师之礼在古时是非常重要的体现师道尊严的制度。师者，通过传道、授业、解惑，培养国家和社会发展需要的人才。传统伦理中将师者放在与天地、君主一样尊崇的位置，老师兼具君主和父亲的尊崇地位。孔子被称为“至圣先师”，其根源在于尊师。师道在中国文化中具有特殊地位，可以说，“天地君亲师”的理念在很大程度上影响并塑造了中国人的社会伦理秩序。

在儒家用礼来治理天下的制度之下，师生之礼仪规范十分详尽。皇帝与官员以隆重礼仪祭拜孔子，对曾经教过自己的老师，以师礼敬之。西汉的张禹曾是汉成帝刘骜的授业师。张禹年老家居，汉成帝不时派人慰问，张禹卧病在床，汉成帝亲自到张禹床前拜问（《汉书·张禹传》）。古人把孩子送去给老师、贤者教导，受到教育的人自称“弟子”。老师过世，弟子要守丧三年。子贡尤其突出，为其师孔子守丧六年，犹如对待自己的父亲一般。还有“程门立雪”的典故，这也是尊师重道的典范，被传颂至今。宋朝的杨时，与学友去程颐家请教学问，时值天降大雪，到程家时又正巧程颐休息。杨时为了不影响老师休息，便立于门外等候。程颐醒来时，门外雪深一尺，杨时他们也已成了雪人（《宋史·杨时传》）。

在精神特质上，师生关系接近于父子关系，有“一日为师，终身为父”的观念。但师生之间人格平等，学生尊敬老师，探讨真理的道路上可互学互助，即所谓“弟子不必不如师，师不必贤于弟子”。唐代文学家韩愈在《师说》一文中提出“闻道有先后，术业有专攻”，师生之间只是掌握知识有先后而已。

现代中国人在日常的人际交往中，通过一些约定俗成的方式体现对他人的敬意。例如，以双手递接物品，体现恭敬之意；以长者、尊者为先，请他们先入座，出入先行，用餐先动碗筷；在乘坐交通工具时把最安全和舒适的位置留给长者、尊者；多人行进时请最重要的人居中。人们在生活工作的各个方面，用中国人特有的传统表现中国人的文化精神。

关于诚信，中国有着悠久的思想渊源。《礼记·中庸》把“诚”放到“天道”的高度来论述，认为“诚”是天道的根本属性，而人道的目标就是努力求诚以达到合乎天道的境界。一个真正达到“诚”这一境界的人，不用勉强、不用左思右想或犹豫不决就能从容地合乎道的要求。“唯天下至诚，为能尽其性；能尽其性，则能尽人之性；能尽人之性，则能尽物之性；能尽物之性，则可以赞天地之化育；可以赞天地之化育，则可以与天地参矣。”只有达到“诚”的境界，人才能够穷尽人的本性，进而穷尽万物之本性，从而参与辅助天地造化万物，与天地同功。荀子推重“诚”的品质，《荀子·不苟》说：“君子养心莫善于诚，致诚则无它事矣。……天地为大矣，不诚则不能化万物。圣人为知矣，不诚则不能化万民。父子为亲矣，不诚则疏。君上为尊矣，不诚则卑。夫诚者，君子之所守也，而政事之本也。”就是说，君子养心没有比真诚更好的了，做到了真诚，那就没有其他的事情了。天地要算大的了，不真诚就不能化育万物；圣人要算明智的了，不真诚就不能感化万民；父子之间要算亲密的了，不真诚就会疏远；君主要算尊贵的了，不真诚就会受到鄙视。真诚，是君子的操守、政治的根本。

诚信是中国人处理与他人关系的基本原则之一，古时亦是朝廷管理臣民、取信于民的基础。秦国商鞅立木取信是最典型的例子。商鞅要进行变法改革，担心民众不信任而无法顺利推行新法令，便在城墙南门立了一根木头，贴出告示说：谁将这根木头搬到北门就赏十金。但是所有民众都不相信。当将赏金提升至五十金时，有一壮士将木头搬到了北门，商鞅如约赏给了他五十金。此举取得了民众对商鞅的信任，确立了国家的权威，使得变法有了民众执行的基础。中国历史上诸如季布一诺千金、关羽重义守信等故事家喻户晓，千百年来被传颂。更有“人而无信，不知其可也”“言不信者，行不果”“人无忠信，不可立于世”“一言既出，驷马难追”等关于诚信的名言，这样的立世之道深深镌刻在中国人的血液中，成为中国人安身立命的信仰。

2008 年《感动中国》候选人吴兰玉女士是当代中国社会中以诚信为本的一个典型模范。她家庭不富裕，老伴和儿子相继去世，更是给她留下了为治病欠下的 5 万多元债务。当债主们纷纷上门准备讨要欠款时，她的境况却让他们难以张口，但吴兰玉坚定地回答：欠债还钱天经地义，不管有多难，都会还清欠款。从 1999 年儿子去世后的 9 年时间里，吴兰玉用拾废品赚的钱还了近 5 万元的外债，谱写了一曲感人至深的诚信之歌。

从关于内在修养的丰富思想资源中，当代中国人继续吸收着“敬”与“诚”的精神养分，不断涵养自己的精神与心灵。

与君相交，礼尚往来

《礼记·曲礼上》说：“礼尚往来，往而不来，非礼也，来而不往，亦非礼也。”礼是提倡有来有往的，给他人施予恩惠而对方不回报，这不符合礼，同样，他人施予我恩惠而我不作报答，这也不符合礼。

在古代，当被求见方同意时，要带“挚”（礼物）去拜访，所谓“不以挚，不敢见”，执挚是对主人的尊敬，但主人还要辞挚，几次三番后收下礼物，且在次日要回访，把昨日的程序再走一遍。这在今天看来十分烦琐，但在当时却是依此表达敬意和忠信的方式，以德相交，不以钱财来衡量彼此的关系。守礼的一方要在次日奉还礼物，才不会有贪财之嫌，即谓“君子之交淡如水”。

礼尚往来作为中国悠久的传统，至今仍在亲戚往来、朋友相交、商务合作，乃至外交事务中充分体现。赠送礼物作为中国人日常人际交往的方式，除了用来向对方表达友谊以外，还可以用来平衡双方之间的互惠关系。对礼物的品类也要用心挑选，综合考虑被赠送人的职业、身份、性别、爱好等。中国人在礼物赠送中充分体现礼尚往来的精神，恰到好处地表达对他人的重视和敬意，在你来我往中加深友情，建立轻松和谐的人际关系。

五、天人合一，生生不息

“天人合一”的理念，是中国古人最朴素的宇宙观。《周易·说卦》中的“立天之道曰阴与阳，立地之道曰柔与刚，立人之道曰仁与义”，讲的就是天道、地道与人道。这三者之间的关系，覆盖着中华民族在政治领域、经济领域、文化领域等各方面的内容，深刻影响了中华民族文明的发展方向。“天”可以视作人生存的环境，“天人合一”可以理解为人与自然是有机联系的整体，顺应天地自然法则，人可生生不息。

老子在《道德经》中说：“人法地，地法天，天法道，道法自然。”孔子在回答鲁哀公“君子何贵乎天道”之问时说：“贵其不已。如日月东西相从而不已也，是天道也；不闭其久，是天道也；无为而物成，是天道也；已成而明，是天道也。”君子尊重天道主要在于尊重它的运行不息，如日月运行东西相从永不停息；不会长久闭塞，四季按时转换，畅通无阻；看似无所作为但万物育成；万物育成以后，都彰显天下，供人使用。天笼罩大地，哺育万物，是人类的生命之源，具有不可逆转的力量。儒家看到了天地永不衰竭的生命力和创造力。宇宙永存，自然法则不可改变，是天然合理的。人类社会要与天地同在，就必须“因阴阳之大顺”，顺应自然规律，仿效自然法则才能生存。治国、修身之道只有与天道一致，才是万世之道，即“天不变，道亦不变”。汉代思想家董仲舒曰：“事各顺于名，名各顺于天，天人之际，合而为一。”宋代思想家张载正式提出“天人合一”命题，他说：“儒者因明致诚，因诚致明，故天人合一”。以“诚”为天道，即认为天是真实的，而且具有一定的规律。“明”是对世界的认知。在张载看来，天和人都是实在的，天与人是统一的。

“天人合一”的思想不仅影响着中国人顺应自然去改造社会的过程，同时也融入几千年来中国人的文化精神世界。从阴阳、五行、八卦这些哲学思辨到园林、书法、国画等美学展现，从养生、中医、太极的玄妙体系，到儒家心学、道家哲学、佛教修行的修炼体系及气功的自我锻炼等修行宗旨，无不充斥着天人合一的思想内涵。

古时，“天人合一”思想在礼仪上最典型的表现形式为祭天祭地的仪式，国家在中国古代不仅仅被称为天下，也称为江山，前者为天，后者为地。《尚书》记载：“乃命羲和，钦若昊天。”古人祭祀的对象相当多，但是拥有最高地位的当属昊天上帝。除了昊天上帝，日月之神、雷电之神、风云之神等也都是祭天的祭拜对象。祭天是用丰厚的祭品供奉，请求神灵帮助人们实现靠人力难以达成的愿望。从本质上说，祭祀是祈求神灵护佑的一种行为。

明清两朝历代皇帝会在每年冬至、正月上辛日和孟夏（夏季的首月），在北京的天坛进行祭天、祈谷和祈雨仪式，祈求国泰民安、风调雨顺。天坛从选位、规划、建筑的设计以及祭祀乐舞，无不依据《周易》的阴阳、五行等学说，把古人对“天”的认识、“天人关系”以及对上苍的愿望表现得淋漓尽致。从象征蓝天的蓝琉璃瓦屋面到丹陛桥步步登高如临天界的意象等，体现了古人对天的至高无上尊崇。以祈年殿为例，祈年殿柱子数量表现了季节、月缺月圆、昼夜和节气，与天象有密切关系。祈年殿的 4 根“龙井柱”象征一年的四季，中层 12 根金柱象征 12 个月，外层的 12 根檐柱象征 12 个时辰；中外层相加 24 根，象征二十四节气；三层相加 28 根，象征二十八星宿；殿顶周长 30 丈，表示一个月 30 天。古人把“天人合一”的哲学思想，以礼制的形式具体化为可见可触的建筑。

北京天坛祈年殿（新华社 陈晔华 摄）

中国人的居住、休闲之所也充分体现出天人合一的观念，一方庭院是根植于中国人心灵深处的生活追求。中国人的庭院建筑在世界上独树一帜，上至宇宙观，下至文学、艺术、哲学、建筑和生活的种种独特认知和成果，全都蕴含其中。造园艺术中使用的对景、借景、夹景、框景、隔景、障景等造景手法使得中式庭院与西方花园在审美意境上根本不同。庭院不仅仅是建筑围合的空间，而且成了人与自然、精神与宇宙交会的场所。其艺术性与舒适性，激发了人对自然和宇宙的浪漫遐思。世俗生活四季更

苏州古典园林可园（视觉中国 管钰楠 摄）

迭、生命吐纳、家族生栖，所有境界，皆化为檐下的晴雨风霜，人与自然融为一体，生生不息。

此外，中国有悠久的农耕文明。古人综合太阳、月亮的运转周期来安排生产生活。除了月份节气，还要考虑不同作物的生长时节。因此对古时的农民来说，有些他们生活的重要关口渐渐地成为节日，节日从形成起就与生产生活的安排紧密相连。相对于今日工业生产的社会来说，传统农业社会对自然环境的依存度要高很多，人们对季节敏感，对季节中的花草树木、鸟兽迁移都观察得细致入微。所以传统中国的儿童，都有来自长辈的时间教育，对大自然的感受是生活中不可分割的一部分。于是，时间、空间、个体的生命是密不可分的整体。在中国人的节日及习俗中，可以感受到中国人朴素的宇宙观、生活方式和思想观念。

春节（农历正月初一），是中国最隆重、最富有特色的传统节日，象征团圆、兴旺，是最热闹、古老的节日。中国人不管身处何方，即便历尽万水千山也要在这一日回家过年，全家人围坐一起吃团圆饭，享受亲情的温暖、团聚的幸福，以告慰这一年来的辛苦和劳累。中国的春节习俗很多。春节期间，亲朋好友会相互拜年；晚辈给长辈拜年，可以得到“压岁钱”，寓意平平安安度过一岁。人们还把寓意美好的诗句写成春联，贴在自家大门，表达对未来一年的憧憬和祝福。燃放爆竹烟花，营造出喜庆热闹的气氛，是孩子特别喜爱的节日娱乐活动。爆竹声声，破除过去一年的晦气，迎来新年吉祥。

元宵节（农历正月十五），这是传统新春定义的最后一天，大地回春的夜晚，人们对此加以庆祝，也是庆贺新春的延续。虽然元宵节的习俗因区域差异不尽相同，但很多地方还是有着共同的喜庆活动。元宵节主要有赏花灯、吃汤圆、猜灯谜、放烟花、游龙灯、舞狮子、踩高跷、划旱船、扭秧歌、打太平鼓等习俗，有的习俗至今已有1000多年的历史。

2021年元宵节，山西运城市市民在广场上观赏花灯。（视觉中国 姜桦 摄）

清明节（公历4月5日前后），是中国最重要的传统节日之一。清明节祭祖扫墓，追思先人，不仅弘扬孝道亲情，唤醒家族共同记忆，还可促进家族成员的凝聚力和认同感。此时春暖花开，万物复苏，也是人们亲近自然、踏青游玩的好时节。古人举办蹴鞠、插柳、荡秋千、放风筝等活动，充分享受春天的乐趣。清明节融汇自然节气与人文风俗，体现中华民族礼敬祖先、慎终追远的人文精神，以及顺应天时地宜、遵循自然规律的思想。

端午节（农历五月初五），是春季后的第一个收获的季节。在华中以南，这是收获蔬菜瓜果的时节。在北方，

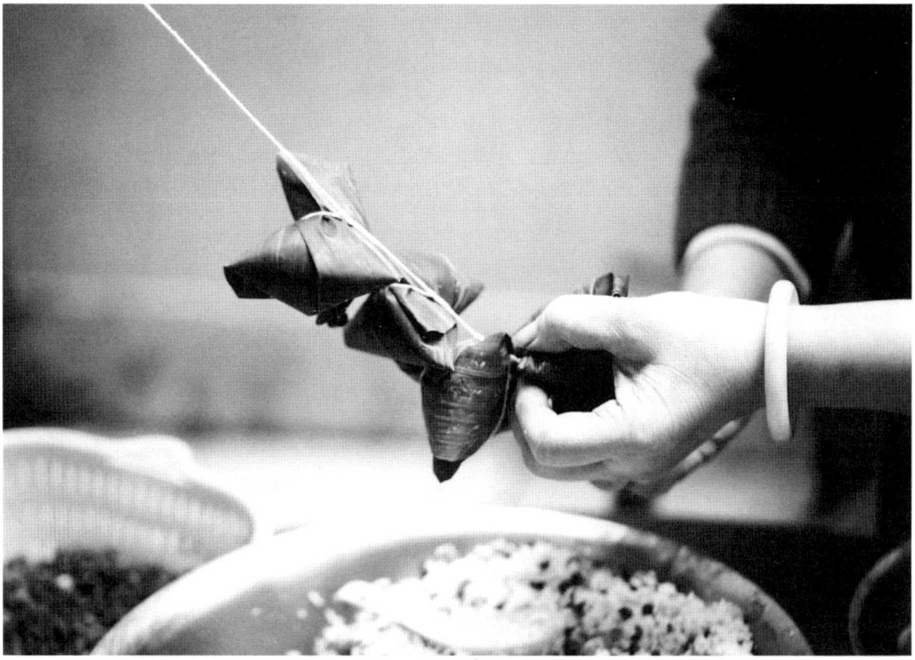

2022 年 5 月 17 日，福建居民在家中自制粽子，喜迎端午佳节。（视觉中国 陈钦 摄）

此时则要收获秋天种下的麦子了。端午习俗内容丰富多彩，蕴含着祈福、消灾等文化内涵，寄托了人们迎祥纳福、辟邪除灾的美好愿望。祈福纳祥类习俗主要有扒龙舟、祭龙、放纸龙等，辟邪除灾类习俗主要有挂艾草、浸龙舟水、洗草药浴、拴五色彩线等，节庆食品主要有粽子、五黄、油糕等。

中秋节（农历八月十五），八月十五月圆之时，是秋收之际。这时空气干燥，秋月十分明亮。一家人经过漫长的劳作之后，在凉爽的月夜，团圆赏月、品尝月饼，举行祭月活动。家人们愉快地聚餐，享受闲暇的生活乐趣。

冬至是二十四节气之一，再过一个月就是春节。北方地区有冬至宰羊、吃饺子、吃馄饨的习俗，南方地区则有吃冬至米团、冬至长线面的习惯。有些地区在冬至这一天还有祭天祭祖的习俗。

第二章

修身为本——中国人的自我修养

中华文化自古以来都追求通过人的自我修养达成人格的完善。在日常生活中，通过不断的学习、静思、实践，在认识自我、改造自我、提升自我、完善自我的过程中磨炼身心，从而做到节制、自律、谦恭，淬炼出意志坚强、临危不乱的素质，达至理想人格境界。总的来说，中华文化是非常重视内省、注重修身的文化，强调人的品性修养和人格操守。修身的价值导向仍是现代中国人日常生活的基本特点。

孔子曾提出“三军可夺帅也，匹夫不可夺志也”。孟子说:“富贵不能淫，贫贱不能移，威武不能屈，此之谓大丈夫。”真正的“大丈夫”，不论是处在富贵、贫贱的境遇，还是在强权的压迫之下，都要坚持自己的原则，保持自己的人格。中国人会依据一个人的品格修养来判断他的精神境界，个人的修养亦被视为齐家、治国、平天下之基础。宋代张载认为，人作为宇宙万物中的一分子，进行道德修为完成自我修养，是应该承担的义务。近代工业文明使社会生产力急剧扩大，创造了极为丰富的物质财富。人们的目光越来越多地专注于身心之外的物质，逐渐忽略自身内在心性的修养。加之现代生活节奏飞快，人们在日常的工作、学习和生活之中，往往承受着较大的压力。碎片化的信息获取方式，使得人们很难长时间集中注意力，从而陷入散乱、浮躁等消极状态中。从中华优秀传统文化中汲取营养，有意识地观照内心并修养心性，重新建立内心的秩序，以内在化解外在，或许是当下中国人实现身心和谐的最佳路径。

一、兼济天下，修身为本

修身之学是儒家学问的核心，目的是通过修身充分发挥人的禀赋与潜能，建立人的自主、自律的生活。孔子时代，修身通过“礼、乐、射、御、书、数”六艺来训练。“身”是包含心灵直觉意识的综合体，承载各种情绪，通过修身来观察和纠正情绪是十分合理有效的。

《荀子·修身》是先秦儒家关于修身的一篇重要文

献："见善，修然必以自存也；见不善，愀然必以自省也。善在身，介然必以自好也；不善在身，菑然必以自恶也。""礼者，所以正身也；师者，所以正礼也。无礼，何以正身？无师，吾安知礼之为是也？礼然而然，则是情安礼也；师云而云，则是知若师也。情安礼，知若师，则是圣人也。"这是对修身的整体概括，善与不善被我所见，即成为我仿效修为和自省的动力。与孔孟时代不同的是，修身的准则不再是个别君子的道德意识和自觉成熟，而是形成统一的礼法规范。通过礼的方式进行修习，可以达到修身的目的。修身不仅可以培养道德，还可使得才能禀赋都能得到发展，天下庶民各个阶层都能"骋其能，得其志，安乐其事"。

《礼记·大学》提出了以修身为中心的"八条目"，即格物、致知、诚意、正心、修身、齐家、治国、平天下：

> 古之欲明明德于天下者，先治其国。欲治其国者，先齐其家。欲齐其家者，先修其身。欲修其身者，先正其心。欲正其心者，先诚其意。欲诚其意者，先致其知。致知在格物。物格而后知至，知至而后意诚，意诚而后心正，心正而后身

> 修，身修而后家齐，家齐而后国治，国治而后天下平。自天子以至于庶人，壹是皆以修身为本。其本乱而末治者，否矣。其所厚者薄，而其所薄者厚，未之有也。此谓知本，此谓知之至也。

“修身”之前的准备工作“格物、致知、诚意、正心”，是一个由外向内的过程。格物即研究外部事物，致知即获得关于事物本质的、规律性的认识，并以此为基础使内心诚恳，端正内心的念头，获得一个积极的三观。而此后的修身、齐家、治国、平天下则是一个由内向外、由己及人的过程。通过提高个人的内在修养来安顿家、国、天下，将个人修养转化为外在合理秩序，这体现了儒家强烈的社会责任担当意识。犹如张载所说，道德修养足够高的君子可“为天地立心，为生民立命”。

儒家修身强调“身心一体、心为主宰”的修身之道，内外兼养，最高目标是成圣成贤。修身的过程中身、心、行相互作用和自省，包含对心灵的观察和培养。这套自我觉察与反省的体系一直传承了2000多年，近代民国时期的中小学还普遍开设修身课程，今天大学里的思想道德修养课仍是重要内容，映射出以修身为内涵的道德教育，在现代中国人伦理思想与实践中仍具有重要地位，至今仍对中国人的社会生活和日常行为有着深刻的影响。

以修身为出发点的中国人的伦理，在西方后现代兴起的对身体的关注和研究中也得到了进一步的论证。海外儒学家安乐哲对儒家的基本概念“仁”与“礼”中的“身”作了分析：

> 在端庄的举止、姿态中，“仁”的心理属性与其身体属性是不可分的，也只有参照它们，才能理解“仁”。就另一方面而言，作为身心相关的“仁”的形式化表达，“礼”是心理状态及其相关的身体属性被结构化的和被净化过的表现方式。“仁”和“礼”的区分，不是主观的心理属性与客观的身体属性之间的区分，而是非形式化的身心相关的属性与形式化的、被净化过的身心相关的属性之间的区分。“仁”与“人”同音异义，被定义为人格的完成，它是包括身与心在内

的整个人的过程。[①]

身体是审视世界和表达思想的主要载体，是成仁取义的关键所在。从以上解读就不难理解，儒家为何把修身放在伦理的核心位置。

“修身”承载了今日中国人个人伦理的大部分内涵，是能够作为道德典范的君子应该具备的品质。修身的方式、原则等在特定的历史背景下会有修正增减，以适应当时的文化环境。诸如“三纲”的理念被中国人丢入历史的洪流之中。琴棋书画、诗酒花茶的文化雅事仍被现代人视作修身养性的有效途径。

身处中国儒家伦理的现代中国人，修身的方法和途径多元，有复古的传统方法，也有锤炼身心的现代礼仪。“修身”，虔信内心的道德准则，以达到不为外在所惑的状态。经由修身，内心就不会被外物所奴役，虽身体劳顿，却心安理得，虽获利欠丰却立于道义，养成君子品格，这便是做人的至高境界。

①（美）安乐哲．古典中国哲学中身体的意义［J］．陈霞，刘燕，译．世界哲学，2006（5）：49-60.

2022 年 8 月 14 日，人们在中国工艺美术馆、中国非物质文化遗产馆内参观，陶冶艺术情操。（视觉中国 供图）

二、风度翩翩，举止有度

《礼记·冠义》指出：“礼义之始，在于正容体，齐颜色，顺辞令。”也就是说，礼从容貌端正、服饰整洁、表情庄重、言辞得体开始。

孔子被称赞仪态超凡，公私生活都循规蹈矩，遵循礼仪规范。《论语·乡党》记录了孔子在官方场合的仪态："入公门，鞠躬如也，如不容。立不中门，行不履阈""执圭，鞠躬如也，如不胜。上如揖，下如授。勃如战色，足蹜蹜，如有循"。孔子十分注重在面对不同身份的人、不同场景时的仪态，举止符合自己的身份，表达恭敬。孔子仪态修炼得风度翩翩、进退有度、气宇不凡，受到人们的尊敬。

孔子恭敬地向老子请教礼

《礼记·玉藻》曰："君子之容舒迟，见所尊者齐遬。足容重，手容恭，目容端，口容止，声容静，头容直，气容肃，立容德，色容庄，坐如尸，燕居告温温。"这段话指出君子的仪容应闲雅从容，见到了所尊敬的人就要发自内心地谦虚恭敬，对行走姿态、手势、目光、态度等提出要求，比如抬脚稳重，手部恭敬，目光端正，口不妄言，站立时彰显品德，就座时纹丝不动，闲居时温厚可亲。在任何场景下都能保持一贯肃穆的仪态是士人精神境界高雅的体现。

在魏晋时期，除了仪态，人们更重视仪容与风度，也就是气质与美感。这是基于当时流行的“气化宇宙论”，礼仪的观念强调内在的气质、气韵，而非外在的仪节，在隐逸式的安静生活之外，逐渐形成了“安静气质”的观念。从隐逸之士到士大夫阶层，静的气质成为当时社会的立身准则。主静的姿态渗透在独处、读书、冥想等生活环节，致力于练就沉静典雅的风度。

人们相信身体是精神的外显，要用漂亮的外在风貌来表达高尚的内在人格，这正是那个时代的审美理想和趣味。人生的价值不再是荣华富贵、功名利禄等外在的成功，人们更看重一个人的才情、气质、格调、风貌、能力，关注人的精神性，这成了魏晋时期最高的标准和原则。追求脱俗的风度、内在的智慧以及漂亮的风貌，成了那个时代美的理想。

这个时期在仪容风度中体现镇定自若的观念是中国礼仪发展史上非常重要的转变，它影响了人们对合理生活的态度，塑造了中国士大夫文化，引领了古人的人文情怀。

《世说新语》中记载，“谢公与人围棋，俄而谢玄淮上信至。看书竟，默然无言，徐向局。客问淮上利害，答曰：‘小儿辈大破贼。’意色举止，不异于常”。淝水之战捷报传来之时，谢安正在和客人下棋，他得知消息后仍镇定沉着。等谢安送走客人，返回跨过门槛时，他所穿的木屐上的木齿撞断了，他都完全没发觉。这个故事说明，淝水之战的胜利大大超出谢安的意料，但他却在知道大捷之后还能保持从容不迫、淡定平静的姿态，当时贵族阶层对人修养的要求可见一斑。

因不同的时代背景，古人关于身体姿态管理、容貌装饰等的审美标准是不同的。但总体上，都是以体态端庄、沉稳安静、举手投足高雅、进退有度等要求来表达人的不俗教养。优美的气韵风度是文人、士大夫共同追求的人生价值。

当代中国人受世界文化风潮的影响，在身体姿态审美上也发生了转变。在保持翩翩君子般儒雅风度的同时，人们也追求自信洒脱、干练有力的肢体状态；在追求仪态、体现修养的同时，也懂得通过国际通用的肢体语言进行交流。端庄优美又不失大气，进退有度又拥有力量的姿态，是新时代中国人的气质韵味。

三、谈吐文雅，言之有礼

汉字是世界上唯一仍在被使用的象形文字。中国人的言语及文字深刻表达着中国人的情感，寥寥数笔就能展现出丰富饱满的画面，带给人充实的意象之美。中国人文字表达注重简练，在人际交往时注重谈吐文雅、措辞有礼，体现对他人的尊敬及自我的修养。

《论语·雍也》中说："质胜文则野，文胜质则史。文质彬彬，然后君子""君子博学于文，约之以礼，亦可以弗畔矣夫"。在儒家看来，文质统一，即外在的言语、容色、行为符合礼，内在的品格、道德符合仁，两者高度统一，人的素养就能够符合社会规范的最高理想，在礼的规范之下体现和谐秩序之美。宋代文学家司马光说："古之所谓文者，乃诗书礼乐之文，升降进退之容，玄歌雅颂之声。”“文”是文学、知识、艺术等文化修养，是内在质朴的本质经过文化韵化表现出的进退之姿容、诗书之声容。

古人对言语辞令能体现人的修养层次这一点早就有了很深刻的认知。因此，从孩童时期就开始培养辞令对答。宋代朱熹所作的《童蒙须知》中有曰：“凡为人子弟，须是常低声下气，语言详缓，不可高言喧哄、浮言戏笑。”这是年轻子弟与师长对话时应持有的态度和说话方式。不高声说话、言语轻浮，说话和缓，态度谦恭，是有礼的体现。明代吕得胜所编写的《小儿语》是关注儿童教育的书，其中有关孩童言语措辞有这样的规定：“一切言动，都要安详，十差九错，只为慌张。沉静立身，从容说话，不要轻薄，惹人笑骂。”清代启蒙教材《弟子规》中有反对夸夸其谈、巧言令色的说法：“话说多，不如少；惟其是，勿佞巧。刻薄语，秽污词；市井气，切戒之。见未真，勿轻言；知未的，勿轻传。”尽量少说话，是什么说什么，不妄加判断；对于自己所不知道的事情，最好不说；低俗的话也不要说。

对言语进行控制，可以锤炼人的品格。措辞达意、谈吐文雅更是文人雅士应该具备的重要品格修养。

古人通过使用敬辞和谦辞来体现有礼的态度。敬辞是对他人表示尊敬的用语。称呼他人的亲属，要在称谓前加“令”字，比如令尊、令堂、令兄、令妹、令郎、令爱等。古人在成人礼后会取“字”，“冠而字之，敬其名也”。这样一般的友人、晚辈便不能再直呼其名，而要称呼其字，只有长辈、尊者可称呼其名，否则会被视为不敬。另外，只有对他人表示尊敬的敬语还不够，还需要自谦才能更好地显示自己的谦逊及良好教养。比如，对外称自己的妻子“拙荆”，提及自己的父母用“家父”“家母”，称自己的儿子是“犬子”，提及自己是“窃”“私”“愚”等。在现今的人们看来，这样过于自谦的语言表达，很客套和烦琐，可在古时却是成人交往圈子里的规则，是有文化和修养的体现。

当代中国人传承了古人在言辞中文雅、恭敬的精神，也增加了现代人的开放与洒脱。不管是书面沟通，或是面对面交流，人们在交往中仍会使用传统礼仪的语言表达范式，以示自己的文化修养。2000 多年来，中国人追求文质彬彬的君子之风，造就了文人儒雅的气质与风采，从仪容举止到对答辞令都体现着中国人追求的人生境界和精神气质。

四、华夏衣冠，锦绣华章

素以礼仪之邦著称的古代中国，以精丽华美的服饰赢得了“衣冠王国”的殊荣。在古人的心目中，衣冠服饰除了蔽体御寒、美化装饰的普遍意义外，还是建立社会秩序，别贵贱、寓赏罚的重要标准，是中国朝廷文明的尺度。《周易·系辞下》中说：“黄帝、尧、舜垂衣裳而天下治。”以帽冠文采、衣着服饰表德劝善是中国传统服饰文化的基调。周代已经出现了专门管理帝王服装的官职——司服。《周礼·春官宗伯》：“司服掌王之吉凶衣服，辨其名物，与其用事。”《周礼·天官冢宰》：“内司服，掌王后之六服。”司服官职的确立，标志着服装正式走上了政治舞台。

衣服等级分明大致从西周开始。帝王和大臣为了显示尊贵威严，祭天地和婚丧大事都着袍服，且分不同颜色。皮毛衣服也要按等级穿着，猎户即使猎得珍贵皮毛也得贡献给统治者，不得私自出卖或者使用。70 岁以上的百姓可以穿丝绸、吃肉，此条使老人在暮年可享受珍贵物品的规定，嘉奖了老人一生为社会所作的贡献，这也是中国人敬老传统的渊源所在。

在不同的朝代，衣服有不同的样式和花纹，秦汉一统后，衣服的样式也统一起来。一般来讲，礼服类的袖大及膝，超过比例，看起来很是庄严。衣幅宽博是上层阶层的穿着，仆从则短衣窄袖（这样的服装款式是为了行动方便，便于劳作）。宋代赵匡胤“黄袍加身”后，重定衣裳制度，衣带的等级就有 28 种之多，黄袍成了帝王的专用服。官服根据品阶不同使用不同花色，大朝会或重大节日，大臣们按各自的品级穿上锦袍。宋代服装色彩更加柔和雅致，花纹也多采用折枝花样。元代的官服是龙蟒缎衣，等级区别在于龙爪的多少，爪分三、四、五不等。明清一直沿用了这个规定。明代皇帝着龙袍，大臣则是穿绣有蟒、飞鱼、斗牛等花样的袍服，各按品级，不能僭越。到了清代，文官官服绣鸟，武官绣兽。

描绘明代官员聚会的《杏园雅集图》

服装色彩的运用也是区分身份等级的重要工具，官服品色制度初步形成于隋代，正式完成于唐代。唐朝建立后，官服制度都延续了隋朝。唐高宗时，品色衣正式形成。此后各朝代的官服色彩大体以唐朝的品色衣制度为依据，基本上以紫、绯、绿、青四色定官品之高低尊卑。到了明清两代，用颜色标示等级已远远不止于服饰整体颜色方面，还包括衣服各部分的颜色。清代官服的色彩与明代基本一致。不管哪个朝代，到末期统治衰微时，有财力的百姓就会突破服装上的限制，穿比自己身份高的服装，使用等级更高的图案，以此来显示尊贵。那时的朝廷因统治力的衰败，已无力顾及服装僭越的事情了。

容貌的装饰在漫长的历史长河中不断演变，或琳琅满目、五彩缤纷，或高雅朴素、清幽恬淡，不同的韵味都体现当时的人们对美的追求、对理想生活的向往。

进入 21 世纪的中国人，服饰的选择足够多样化，且早已摆脱服装的身份标识，能够尽情地表达自己的个性和审美，不拘一格。服饰风格从传统汉服至现代时尚，从新中装到西装，根据喜好及场合自由搭配，通过服饰表达思想、审美，以及对世界的认知。不同行业的人们会根据各自的职业要求，选择符合职业身份、便于工作的服装。服装高级定制也蓬勃发展，以满足个人对服装的特殊需求。同时，中国人积极融入世界服装潮流，通过服装这一媒介与世界对话，尊重其他国家、民族的服装礼仪，从而促进国家间的信任与交流。

五、慎独与自律

慎独是指一个人在独处的时候谨慎地注意自己内心的思想和所做出的行为，防止有违道德的念头和行为产生。早在《诗经》中就已有慎独的思想：“相在尔室，尚不愧于屋漏。”（《诗经 · 大雅 · 抑》）意思是看看你所在的屋子，虽然只有你一个人在室内，也应做到无愧于神灵。“屋漏”是屋子的西北角，是古人安置祖先神位的隐秘之所，“无愧于屋漏”即无愧于先祖之灵。

《大学》和《中庸》都明确提出了慎独的概念。汉代学者郑玄在注解《中庸》的时候说，“慎独”就是“慎其闲居之所为”。就是在独居的时候，要特别谨慎、慎重，有意识地进行道德修炼。这实际上是提倡一种道德自律，是我要做，而不是要我做，不依赖于外界条件的约束，也不自欺欺人地借修为的幌子而专做给别人看，是真正的自我意识下的主动行为。

宋明理学家们对此也有过细致的讨论。朱熹认为，慎独是一个人在喜怒哀乐的情感及思想未发作时的一种警觉，要求人们在道德上防患于未然。要想做到这一点就得时时自省，经常反省自己的思想和行为，辨察善恶是非，严于自我批评，及时改正过错。《论语·学而》中的“吾日三省吾身”影响十分深远，孔子自己也讲过“见不贤而内自省”，孟子则提出过“行有不得者，皆反求诸己”的说法，宋明理学家更用“省察”表述上述自省的意思。只有在日常生活中不断落实这种修省的功夫，形成习惯，在独处的时候才能真正做到慎独。

“四知”佳话

东汉官员杨震，曾向朝廷举荐了一个人当官。过了几年之后，杨震又见到这位他举荐的官员，被举荐的官员为了表达知遇之恩，晚上就准备了十斤金子想赠送给他。杨震说："当初我之所以举荐你，是因为我了解你；但是今天你之所以会送东西给我，是因为你不了解我。"这个人就说，夜深人静没人会知道的。可是杨震却说："这件事天知、地知、你知、我知，怎么能说没有人知道呢？"这样，"四知"就被传为佳话。这个在中国广为人知的故事，提醒人们内心要有敬畏，懂得慎独和自律。因为诚与不诚、欺与不欺，虽存在于内心，但迟早会表现出来。

慎独与自律的品质在当今仍十分可贵，备受推崇，它是对人性进行锤炼打磨，以此修得良好品格，达到理想的人生境界。钟南山院士虽已年过八旬，但是健康自信，精神状态极佳，思维敏捷，这都与他的高度自律有关，他几十年如一日地坚持身体锻炼，保持健康的体魄。正是这种自律，他才能在面对繁重工作时依旧充满精力；不眠不休地奔赴一线，果断有效地提出阻断新冠肺炎疫情发展趋势的建议。人若要取得成就，为社会作更多更大的贡献，离不开慎独和自律。

六、己所不欲，勿施于人

孔子提出的“己所不欲，勿施于人”是儒家文化的精华，是儒家忠恕之道的核心观点，是处理人际关系的基本准则，也是君子道德的重要内容。这个重要观点在中国有着根深蒂固的影响。

“己所不欲，勿施于人”在《论语》中出现过两次。第一次是在《论语·颜渊》中：“仲弓问仁。子曰：‘出门如见大宾，使民如承大祭。己所不欲，勿施于人。在邦无怨，在家无怨。’仲弓曰：‘雍虽不敏，请事斯语矣。’”孔子的回答包括了关于“仁”的两方面内容：一是待人处事要恭敬和谨慎，要诚心诚意；二是自己所不愿意做的事情不要强求他人去做，自己所不愿意承受的也不要强加给他人。

第二次出现是在《论语·卫灵公》中：“子贡问曰：‘有一言而可以终身行之者乎？’子曰：‘其恕乎！己所不欲，勿施于人。’”这里体现了孔子的“恕”道。“恕”是应该终生信守的，是人人都应该遵循的。朱熹在注解“忠恕”的概念时讲道：“尽己之谓忠，推己之谓恕。”所谓“忠”就是“尽己”，竭尽自己所能，尽心尽力地去做事；

所谓“恕”就是“推己”，推己及人，换位思考，能够体谅对方的处境。

克己复礼

“己所不欲，勿施于人”与“克己复礼”有异曲同工之处。在《论语》中还记录了这样的故事：颜渊曾向孔子问仁，子曰：“克己复礼为仁。一日克己复礼，天下归仁焉。为仁由己，而由人乎哉！”颜渊又请教实行仁的具体条目，孔子说：“非礼勿视，非礼勿听，非礼勿言，非礼勿动”。“克己复礼为仁”是孔子关于仁的重要解释。“克己”就是克制自己，“克己复礼”可以理解为用礼的要求严格约束与规范自己，使自己的言行符合礼。如果能够真正做到这一点，就可以达到人生理想境界，实现仁德。而这与人的心性修养密不可分，需要人主动地去认识自我、改造自我、净化自我，达到礼的境界。

古人认为思想感情的表达要含蓄委婉，乐而不淫，哀而不伤，怨而不怒，尽力调和矛盾，适度节制情感，合乎中庸之道。不断“克己”就是在不断造就、雕琢自己。关于人性，孟子主张人性向善，荀子主张人性本恶，但不管哪一种人性论，都没有否认后天进行为善去恶修养的重要性。中国古代著名的思想家王夫之更是提出，人没有什么所谓的本性，人性都是在后天的具体环境当中不断创造出来的，是伴随着人生历练而升华。人需要不断进行自我提高和突破，懂得什么事可以做、什么事不可以做，约束自己的言行，尊重他人。

不希望自己的财物被损害，就不能去偷盗、破坏他人财物；不希望自己被欺骗，就不能对他人撒谎、背信；不希望自己受侮辱，就不能对他人恶语相向……总而言之，“己所不欲，勿施于人”就是限制人的某些行为，使人们不能为所欲为，并能够宽容和理解他人。

基于“己所不欲，勿施于人”的价值观念，身处公共空间，人们注意保持安静，不烦扰他人，维护环境的整洁；乘坐或驾驶交通工具，遵守交通规则；人与人相互尊重，以礼相待……这些生活的细节能增加人们的幸福感、品质感、获得感。作为人，有“礼”就有了立足社会的标尺；国家有“礼”，人们便可在和谐的社会秩序中工作生活、幸福安定。

第三章

齐家——中国人的家庭生活

2022 年热播的电视剧《人世间》以普通中国家庭五十年生活为讲述对象，让中国观众收获了感动。生活条件并不优越的周家有父母和三兄妹，父亲终身以“新中国第一代建筑工人”为荣，为了祖国的建设事业转战于离家数千里外的各个工地。这个家庭中父亲威严正直，母亲慈爱端庄，子女孝顺，兄弟互助，是千千万万个中国人理想的家庭氛围。虽因时代洪流，家庭成员几经分离，但道德和情感基调却牢不可破。他们奉行着中国普通百姓朴素的价值观“百善孝为先”“长幼有序”“家和万事兴”等，一家人彼此温暖守护，坚守平凡的幸福，体现出中国人历尽时空而不变的对“家”的信仰。人们从剧中找到父辈甚至祖辈的家庭生活历史脉络，感受到家庭观念、家风家训的代代传承和深深影响。

世界范围内也有许多以家庭为核心的剧集，比如《我们这一天》《摩登家庭》《唐顿庄园》等，但它们所反映出的家庭文化与中国“家”文化有着很大的不同。

中华大地适宜耕种的自然地理条件决定了中国较早发展出成熟的农耕文明，其特点是稳定、较少迁徙，形成世代居住庞大家族式聚居。由配偶与亲子组成的核心家庭是中国社会最基本的单元，核心家庭顺着世代延伸扩大，由小家而中家而大家，结成一个庞大的生活共同体，他们深度合作，生死相依、荣辱与共。

众多的家族成员形成了较为复杂的人际关系，这就需要有管理家庭成员的规则，以保障大家族的正常运转。如此形成的以家族血缘关系为纽带的宗法观念和政治制度，便成为礼制建立的基础。《孟子·离娄上》有曰："天下之本在国，国之本在家，家之本在身。"在此社会及文化发展的基础上，中国的家礼逐渐完备，深刻影响中国人家庭生活及家庭成员间的相处模式。

一、家礼传承

古时物质匮乏，为了更好地生存，个人需要集体力量的庇护。农耕社会需要协调合作，这样才更有能力对抗天灾人祸。农耕文明形成了中国人强烈的家族观念，大家族的强大可以保证家族成员的利益。同时，每个人也要为家族贡献力量。一荣俱荣、一损俱损的荣辱观因此形成。大家族为了长盛不衰，延续血脉，制定有利于家族繁盛的族内规则。受孔子教育思想的影响，历代文人学士、大家族都将“礼”作为修身治家之道，也把“知书达礼”作为有知识、有教养的标准，以诗礼传家作为门风高雅的象征。有了诗礼家风的家族，就有了共同价值观的纽带，就能维系家族长久的运营存续。

《礼记》中引用孔子的话:“入其国，其教可知也；其为人也，温柔敦厚，诗教也。”温柔敦厚是儒家对诗教的社会作用的认识和概括。儒家认为，可以用诗文来教化民众，培养具有高尚品格的人民。这里孔子所说的“诗”，是指我国最早的诗歌集《诗经》，其思想纯真，情感真挚，富于文学色彩。古代读书人说话，常会引用其中的诗句，使自己的语言更加生动形象、具有感染力，从而更好地表达自己的思想和情感。从“不学诗，无以言”中可以看出孔子十分重视诗于人的教化作用。

家礼源于《周礼》。南北朝时期颜之推创作的《颜氏家训》，从胎教育儿、治学理家、修身养性，甚至日常洒扫等各方面详细阐述家族规则，被誉为“古今家训，以此为祖”。宋代朱熹创作的《家礼》成了宋元明清及民国时期传统家礼的范本。《家礼》重订日用伦常，为家族生活确立一套理想的方式，即长幼有序，尊卑有别，人们言行举止皆有定式，以此达成家族和社会的和谐秩序。清代雍正为记录其父康熙的言论而作的《庭训格言》也在治家、治国、修身上做了详细的记述，受到后世推崇。这些家礼体现了古人治家的理念，强调家族和睦、互帮互助、勤俭持家、修德立身，以使家族持续兴旺。

2020 年 7 月 21 日，浙江湖州市吴兴区安定书院社区开展“听爷爷奶奶讲家风”活动，让社区的青少年了解家风文化。（新华社 翁忻旸 摄）

古时的家庭注重对子女的人伦教育。家庭的和顺是通过礼来实现的。家礼包括孝敬父母、侍奉公婆、用餐礼仪等。关于子女言行的规定也很具体，子女外出则“出必告，返必面”，以免父母牵挂。与父母长辈对话，要注重仪态。要用端庄的仪态、恭敬的心态来对待长辈的询问。

家礼文化中，祭祖礼仪是重要的组成部分。祭祀祖先是培养家族成员间血缘亲情意识的重要方式之一。现今在很多地区仍保持传统的祭祖仪式。祭祖之日，不管这个家族的子孙身在何处，都要赶回家乡祭拜，不忘自己的生命根源。

早在商代，人们认为死者会制造各种灾祸，给生者带来伤害，为了防止祖先作祟，需要举行祭祀活动，通过供奉牺牲的方式祈求祝福。到了周代，祭祖礼仪在秉持内在的祖先崇拜的信仰意义外，更增加了稳固国家统治和社会稳定的含义。在这种背景下，祭祖礼仪的规范化和制度化被高度重视，最终形成一套完善的祭祖礼仪体系。

遍布各地的宗祠、祖祠、祖庙，说明了宗族、家族以及宗法观念在中国古代社会的普遍性和延续性。时至今日，历史上的宗法制早已不复存在，传统的宗族、家族结构受到工业文明大潮的冲击，也在悄然发生改变，但家文化的基因已经镌刻在中国人的思维观念和行为方式中。中国传统家的概念并非今天人们所认为的家的概念，家是“宗法社会”和封建制度结合的“大家庭”，贯穿上下的大家族血脉相连，聚族而居，家庭成员关系紧密，个人荣辱与家族兴衰不可分割，因此家族成员和睦、家和万事兴是中国人对家不变的信念。当然，家族内部秩序的和谐对于社会稳定、国家繁荣、生产力持续发展等都具有重要作用。

现今的中国社会正处于家庭伦理文化的转型期。“家”由过去的家族转变至家庭的形式，从大至几十人甚至成百上千人聚居的家族模式转变为三四人，至多也不会超过十人的家庭居住模式，以血缘宗法为基础的群体居住方式在现代文明的冲击下逐渐消失，代表着家族伦理的礼治秩序也同样瓦解。现代家庭成员间的相处之道趋向个体之间的平等和尊重。新型的家庭关系强调爱、平等、民主与尊重，注重独立，这样的家庭氛围更加轻松自在、温暖包容。

家庭中的夫妻关系也发生了变化。传统社会赞扬夫妇举案齐眉、夫唱妇随。现代夫妻关系的内容首先是人格上相互尊重，情感上相互信任。女性经济地位的提升，使得传统的“女主内、男主外”的家庭模式逐渐淡化，女性在家庭中的话语权不断增强。现代夫妻伦理注重平等，双方做到真诚相待、相互谦让。夫妻相爱的家庭氛围也是对孩子最好的家庭教育。

无论是古代还是现代家庭，父母除了照顾子女生活，更重要的是引导孩子成长，使孩子在家庭这一最初的课堂中学到做人的基本价值观和道德理念，帮助孩子成长为完整的独立个体，使他们以健全的人格和良好的意志品质去面对复杂的人生问题。“父母在，不远游，游必有方”，是农耕文明下为了保障农业生产而提倡的生活方式和道德准则，这样的孝德在如今的时代已经比较难以实现。现代人生活范围广，多数人只留在父母身边是无法完成社会责任的。对于生活在一起的亲人来说，“出告返面”是容易做到的。子女出门在外，多同父母保持联系，免去父母的担忧也是为人子女的责任。从前，家庭开餐，一家人必须到齐就座后，一家之长先动筷，其他人方可用餐，且用餐时不可随意交谈。现今生活节奏紧张，平时家庭成员可能都各自在学校、单位用餐，或许只有在晚上、周末才能围坐一起享用食物。此时是家庭成员愉快交流、增进情感的机会。在饭桌前不能交谈的礼仪，很明显已经不适应现代人的生活方式。

现代中国重视优秀传统文化的力量，进行了不少努力，比如重建孝道、重建家庭伦理文化，也包括探索如何在新型的家庭关系中重建家庭礼仪。但形成既能体现中华传统，又能适应时代发展的新型家庭伦理结构，是需要很长一段时间的。家庭礼仪也将在新的家庭伦理文化指引下发展，内涵会更丰富，形式会更有美感。

二、家和万事兴

中国人十分重视家庭内部的和睦关系，过去生活在大家族中的人，往往面临多重亲情关系，夫妻、父子、兄弟姐妹、婆媳、姑嫂，堂亲表亲……这些关系当中，夫妻关系居于核心地位。孔子提出："昔三代明王之政，必敬妻子也有道。"《中庸》说："君子之道，造端乎夫妇，及其至也，察乎天地。"儒家文化将家庭作为修为的起点，培养仁人君子，先从夫妻关系开始，由此推广达至"民胞物与"的天地境界。儒家认为家是道德实践的首要场所，家庭成员关系融洽而幸福，每个人的道德品格也会因此得到锻炼和培养，如此推及朋友即友爱，推及社会即仁义，推及国家即爱国。

宋代袁采自小受儒家之道影响，为人才德并佳，在任乐清县令时，撰写《袁氏世范》，用来践行伦理教育，养成风俗习惯。袁采从人的不同性情入手，深入剖析造成家庭失和的原因。他指出：一家人性格各异，禀性不一，做父亲的想要孩子的性情合于自己的要求，但孩子未必能合其心；做哥哥的想要弟弟的性情合于自己的期望，但弟弟未必能满其意。人性是这样难以整齐划一，如果都要求对方与自己完全一样，就会引起争论，争论一时难以取胜，就会不断发生，不和睦的情况由此发生，有的家庭甚至“终身失欢”。所以，一家人要和睦共处，唯有“为父兄者，通情于子弟，而不责子弟之同于己；为人子弟者，仰承于父兄，而不望父兄惟己之听，则处事之际，必相和协，无乖争之患”。也就是说，家人之间，没有必要把自己的想法强加于人，要站在对方的立场上考虑问题、处理双方的关系，待人如己，那么这样的家庭没有不睦之理。

讲究慈爱、孝悌、和睦的伦理精神，除了在日常生活的细节之中，在冠婚、寿庆、丧葬等各种人生礼仪中也能很好地体现出来。这些人生礼仪表达着和合圆满的传统观念。以老人过寿为例，中国人通常会在六十、七十、八十、九十、一百岁等生辰前后择黄道吉日为老人做寿。老人们在这一日看到儿孙满堂，一家人友善和睦，长辈慈爱小辈，小辈尊敬长辈，长幼有序，会感觉这一生的辛苦终有回报。在温暖有爱的传统仪式中，家庭成员也能够感受家和万事兴的幸福，接受家文化的教育，理解孝悌和睦的观念，并将这一传统代代传承下去。

国与国交往也要“家和万事兴”

“家和万事兴”不仅体现在齐家和治国，在处理国与国的关系时，同样具有重要的参考价值。

2019年2月11日，中国春节假期后上班的第一天，外交部发言人华春莹在当日例行记者会上表示，对中国人来说，春节是最重要、最盛大、最喜庆的传统佳节，是万家团圆的日子，蕴含着中国人对家庭的重视，对和谐美好生活的向往。她说：“中国有句话叫‘家和万事兴’，意思是家庭成员和睦相处，做事情就能顺顺利利。我想，‘家和万事兴’的理念同样也适用于国与国之间的交往。”

国家之间相互尊重、求同存异、和谐相处，世界就能迎来和平发展、繁荣昌盛，这符合世界各国的利益，也是各国人民的共同愿望。中国愿继续与世界各国一道，为建设一个更加美好、和谐、繁荣、和平的世界而努力。

三、百善孝为先

在维持家族秩序的众多规则中，“孝”是核心理念。在传统社会，这是做人的基本要求，是立足社会的信用保证。“孝”被视为中华民族的传统美德，是传统伦理的核心观念，也是社会统治秩序的核心。古代帝王以孝治天下，做人以孝为根本。中国社会重孝源于中国人重视家庭血缘关系在社会和国家发展中的作用，家庭血缘关系不仅仅是家族存在与发展的根基，更是整个国家存在与发展的根基，是古代朝廷统治民众的主要伦理基础。

“孝”作为一个伦理观念正式被提出是在西周，有尊祖敬宗之意。孔子曾说“今之孝者，是谓能养。至于犬马，皆能有养。不敬，何以别乎”，认为“孝”要建立在

“敬”的基础之上，将孝从宗族伦理转化为家庭伦理。孟子将孝作为伦理道德的中心。曾子将孝发展成为一种抽象的、具有普遍意义的准则，使其成为道德的总和，居于整个封建社会的一切道德规范之首。《孝经》是对孔子、孟子、曾子孝道思想的全面继承发展，标志着儒家孝道理论创造的完成。孝道被奉为封建政治统治的精神基础，中国各朝代帝王的谥号中“孝”字也是高频出现。孝不仅属于家庭伦理的范畴，也构成了上层政治合法性的基础。

传统的孝是子女对父母的一种善行和美德，是家庭中晚辈在处理与长辈的关系时应该具备的道德品质和必须遵守的行为规范，既有文化理念，也有制度礼仪，概括起来有敬亲、奉养、侍疾、立身、谏诤、善终这6方面。《左传·文公二年》中说：“孝者，礼之始也。”维持家族秩序，通过礼实现尊卑有序的孝道，是古代家庭文化的核心。百善孝为先，孝德也被当作衡量和选拔人才的重要标准，比如汉代有“举孝廉”，唐代有“孝悌力田科”，清末还有“孝廉方正”。

孝道包括两个方面：一是物质上的赡养，保证父母的生活用度；二是对父母精神上的慰藉。“立身行道，扬名于后世，以显父母，孝之终也。”（《孝经·开宗明义章》）

光宗耀祖，让父母因子女有荣光，这是传统孝道对子女在家庭伦理范围内的最高要求。孝最难的是什么？“色难”。做到赡养、恭敬、有孝心还不够，最重要的是对待父母要始终和颜悦色、有耐心，不仅在礼仪形式上符合规范要求，还要发自内心深处，真正地敬重父母，随时随地在眉宇之间、在言行之中都能表现出和悦的神色和敬意。汉文帝刘恒侍奉母亲从不懈怠，“仁孝闻天下”。母亲卧病三年，他目不交睫，衣不解带，汤药亲口尝过后才放心让母亲服用。他在位24年，重德治，兴礼仪，注重发展农业，使西汉社会稳定，人丁兴旺，经济得到恢复和发展。

孝的“善事父母”，包括“事生”和“事死”两个层面，后者是前者的继续和延伸，表达了子孙对逝去长辈的敬重和思念。“事死”是传统孝观念中非常重要的一项内容。“事死如事生，事亡如事存，孝之至也”，意思是，侍奉逝者如同侍奉生者，这是孝的最高表现。中国人在除夕、清明节、重阳节、中元节祭祀先祖就是孝道的体现之一。后辈子孙通过祭祀来祈求和报答他们的庇护和保佑，以此慎终追远，不忘祖先。

时至今日，孝不能再被理解成一种单方面的绝对服从的关系，而是一种双向互动的关系。子女在幼小时能够得到父母充分的爱与关怀，在父母衰老有疾时，子女侍奉床前，陪伴终老。父母行为不当，子女也可纠正，父母子女都有自己独立的人格。此外，随着社会保险和养老福利制度的完善，父母的晚年生活并不一定全部由子女负担，传统的“羔羊跪乳，乌鸦反哺”式的赡养义务一部分由社会公共机构承担，因经济因素产生的彼此依赖关系相较于古代逐渐减弱。大学毕业后的年轻人去异地工作就业，很早就能独立，父母也不过多干涉子女的日常生活。

新的社会环境有了新的伦理需求，家礼的内涵及表达也发生根本的变化。文化融合的时代背景之下，孝敬、平等、保障、共享、和谐成为新孝道文化的核心内容，现代家庭更强调父母与子女的人格平等。具体的礼仪表达趋于简单化、内在化。子女成人有了经济收入后，会在经济上支持和赡养父母；春节、中秋等重要传统节日，尽量赶回家陪父母共同度过；平时多关心问候父母，关注父母的精神世界和心理状态，让父母可以感受天伦之乐。

历史表明，在中国这样农业人口众多的国家，在很长一段时间内，孝道仍然具有它特定的凝聚团结的社会功能。1996 年，中国颁布了《中华人民共和国老年人权益保障法》，把孝敬父母以法律的形式确定下来，强调孝是每一个公民的基本道德。从个人到家庭到社会，这种共同的努力促进了孝道精神在当代中国的传承。

四、长幼有序

在中国传统文化中，“长幼有序，尊卑有别”是儒家思想中的基本伦理关系之一。区分“长”与“幼”的目的在于明确尊卑先后的秩序，因此对于“长幼”伦理概念的关注集中于“有序”一点。长兄如父，兄长在家庭中承担更大的责任。兄友则弟恭。作为弟弟，要学会尊重兄长，向兄长学习，接受兄长的指导。这种在同辈之间“礼”的秩序，为维护家族和睦、社会稳定发挥了重要作用。

《国语》记载，鲁国人夏父弗忌担任宗伯，他认为鲁僖公比鲁闵公有明德，所以冬祭时不顾辈分大小，要把鲁僖公的位次提前。这引起了主事人的异议，他认为“宗庙之有昭穆也，以次世之长幼，而等胄之亲疏也”。也就是说，宗庙的昭穆次序，是用来排列世系先后、理顺后人亲疏关系的，不能随便僭越。这里的“以次世之长幼”的

“长幼”，强调的是宗族之内辈分的大小，强调宗族成员内部的伦常关系。在宗族之内，先看辈分，“长”是长辈，“幼”是晚辈；同一辈分之内再看年龄，“长”为年龄偏长者，“幼”为年龄偏少者。在宗族之外非血缘关系的社会组织中，社会成员一般根据年龄的大小区分长幼。

“长幼”的观念落实到具体生活中就是遵行“长幼有序”的礼仪。古代乡饮酒礼对此就有较为明确的说明。如《礼记·乡饮酒义》记载:“宾酬主人，主人酬介，介酬众宾，少长以齿，终于沃洗者焉，知其能弟长而无遗矣。”敬酒按照主宾和介宾的顺序进行，到了宾客那里，再按照年龄的大小顺序依次进行，由此所有嘉宾都能够受到礼遇，并且井然有序，这种礼仪在今天的宴会中依然被人们遵循。

“长幼有序”作为中华民族的传统伦理道德规范，至今仍发挥着重要作用。现代家庭成员对家庭的和睦与发展虽都负有责任，而家中的长兄长姐却不自觉地在对弟妹的关爱付出、对父母的赡养等方面承担更多的家庭责任。从“兄友弟恭”到“尊老敬老”，这些传统伦理促进了家庭成员间的浓厚亲情，增强了家庭成员在遭遇危机时共同面对困难的信心和勇气，共同塑造了中华民族“家和万事兴”

的追求，并在不断的继承和发扬中形成了中华民族特有的道德风尚。

五、生命之重，以礼贯之

古人一生都与礼相伴，每个特定的时间点都会通过礼仪的形式纪念，家族也会通过人生礼仪进行生命教育。这些仪式强调血缘亲情，让家庭成员明白对小家、家族直至国家的责任。这样的传统至今仍在影响中国人对生命的理解和生活的态度。我们可以从诞辰之礼、成人礼、婚礼、丧葬之礼这几个最重要的人生仪式中，认识中国人的生命之礼。

诞辰之礼。生命的诞生对家族来说是最重要的事情。婴儿的诞生是家族的希望，多子多孙、人丁兴旺是中国人最大的愿望和最值得骄傲的事情。婴儿出生的第一项礼仪活动是向亲朋好友、左邻右舍报喜。婴儿出生后的第三天，会举行正式的仪式，即“三朝礼”，来庆贺新生命的诞生，亲朋好友带着礼物来贺喜，主人会设宴招待。

之后更加重要的仪式就是满月礼了。满月当天，大摆筵席，款待亲朋。宾客通常会送适合婴儿的衣物和银镯、长命锁等带有吉祥寓意的物品。满月也有剃发礼，一般是由舅舅主持，额头留“聪明头”，剃下的胎发还会保存。这样的习俗至今仍在很多地方存在。现代人会将婴儿的胎发做成毛笔等艺术品，留作纪念。

婴孩过了百日会有百日礼。“百”有圆满之意，人们多在“百”字上做文章，比如给孩子做百家衣，百家衣就是用从各家讨取的各种碎布搭配缝制在一起的，形状似僧衲，据说可托百家之福，消灾避难。父母长辈会给孩子摆百日宴，宴请亲人好友。宾客们会准备礼金或者礼物，表达对孩子健康成长的祝福。父母还会带着孩子去照相馆拍摄照片，保存珍贵的记忆。如今城市中的人们很少再为孩子做百家衣，但若能有机会收到这样的礼物，也会非常珍惜。

一周岁时，会办周岁宴。周岁是诞生礼的总结，也是寿礼的开始，所以一般比较隆重。礼品多是衣物鞋帽。可爱的虎头鞋是人们在孩子周岁时常送的礼物，据说小孩穿虎头鞋可壮胆辟邪、安全长大。抓周是流行的周岁礼，是民间预卜孩子前途的习俗，在南北朝时期就已出

2017 年 10 月 5 日，“抓周礼”在南京夫子庙举行。（视觉中国　雨田　摄）

现。《颜氏家训 · 风操》中记述道：“江南风俗，儿生一期，为制新衣，盥浴装饰，男则用弓矢纸笔，女则刀尺针缕，并加饮食之物，及珍宝服玩，置之儿前，观其发意所取，以验贪廉愚智，名之为试儿。亲表聚集，致宴享焉。”在现代，除了传统的物品，还会在孩子面前摆放代表现代职业的物品，或者以图像卡片代替实物。抓周时，孩子随意抓取，通过抓取之物来预卜未来可能从事的职业、志趣、前途。它与三朝礼、满月礼、百日礼一样，都是诞生礼仪，其核心是对生命延续、血脉传承的祝愿。这些风俗至今仍在民间存在，虽形式上有改变，但其核心精神是一致的。

成人礼。在远古氏族社会，未成年人可以不必参与社会劳动、战争等，受到氏族成员的哺育和保护，但成年后须通过考验才能成为正式的氏族成员。后来，这个习俗渐渐消失了。儒家发现其价值，将其加工为冠礼，作为人生礼仪的重要部分。中国古代男子行冠礼，女子行笄礼。一般而言，男子二十冠而字，会举行严肃的仪式。女子十五许嫁，许嫁则笄。古人十分重视成人礼，因为这个生命节点对塑造人们的世界观、人生观、价值观有重要的意义。

男子行冠礼，按照礼的标准行事；可以婚嫁，有资格祭祀、宾射，参与只有成人才能参与的社会活动，承担相应的社会责任，拥有社会权利，从此可走仕途，担当政治角色。秦始皇 13 岁即位，22 岁行冠礼之后才开始亲政。冠礼对帝王的意义更加重大，不行冠礼，不具备面南之资。一般士人不经冠礼也不能担任重要官职。也有帝王行冠礼而大赦天下的例子。

成人礼十分庄重，内容烦琐，目的是唤醒人们内心的责任感。通过举行庄重的仪式，赋予这个时刻非凡的意义，让人终身铭记。“已冠而字之，成人之道也。”古人有名有姓，成人礼后还取“字”。在古代，长辈尊者可以对晚辈直呼其名；平辈之间，或晚辈对长辈都以字相称，以表尊敬。称呼对方的字是古代成人交际的礼仪。

现今的中国，很多城市的学校会给年满18周岁的青少年举行集体成人仪式，通过庄重的仪式强化青少年家国责任意识，鼓励青少年以更加自立自强的姿态面对人生新阶段。

2022年5月7日，贵州黔西第一中学高三学生们在进行过“成人门”仪式。（新华社 发/范晖 摄）

婚礼（合卺之礼）。古代男女在冠礼、笄礼之后就有了婚配资格。《礼记·昏义》曰：“昏礼者，将合二姓之好，上以事宗庙，而下以继后世也。”婚姻将两个异性家族连接起来，延续血脉，壮大家族。家族稳定和谐，国家才能稳定繁盛，因此婚姻问题一直是社会的重大问题。

古代非常看重婚姻之礼，婚礼只有经过纳采、问名、纳吉、纳征、请期、亲迎这六礼，才是明媒正娶。纳采，民间俗称为“提亲”。男方先到女方家提亲，得到允诺后，请媒人到女方家送礼物，女方若同意议婚，便会收下礼物。古代男女双方一定要通过媒人来议婚，而不能直接接触，这是为了避免草率。“问名”是询问女方母亲的姓氏，以确认血缘关系，避免出现同姓婚配。古人认为同姓结婚，子孙不会繁盛。男方得知女方的姓氏后要占卜，得到吉兆就会请媒人去女方家通报，此为“纳吉”。“纳征”就是订婚，双方的婚姻关系就此确定。之后，男方通过占卜选定婚期，请媒人去女方家指定婚期，此为“请期”。“亲迎”，即迎亲，是婚礼的核心，也是婚礼中最重要的环节。其他的5个环节都是男方派人到女方家，且在早上进行。而亲迎是新郎到新娘家，时间在昏时。为什么在昏时呢？据梁启超、郭沫若等学者考证，昏时成婚，是因为上古时期有抢婚的习俗，抢婚要借着夜色才能进行。随着时代的进步，抢婚的风俗消失，而昏时成婚的习俗却保留了下来。新郎到女方家迎亲，新娘被接到夫家，这是古人的阳往阴来，有昏时阴阳交接之意。成亲当日，新郎骑着高头大马，备上花轿，带上敲锣打鼓的迎亲队伍，欢天喜地地迎娶新娘。新郎新娘在男方家拜堂成亲，再通过“共牢而食，合卺而饮”的仪式来体现夫妇一体、同甘共苦之意。现代婚礼环节中，新人共吃一颗糖或同咬一只苹果，都是为了表示夫妇从此结为一体，这也是“共牢而食，合卺而饮”的遗风留存。

现代婚礼融入了很多西式元素，古礼的面貌已很难再见。不过迎亲仍然被作为最重要的环节保留了下来，只是当初的高头大马不见了，取而代之的是鲜花装饰的车辆。迎亲的队伍到了女方家，会有象征意义上的“为难”仪式，之后新郎与新娘一同乘车浩浩荡荡前往男方家，再进行拜父母的仪式。亲朋好友前来祝贺，气氛热烈的婚宴便开始了。新人在众人的见证之下组成新的家庭，确定了婚姻关系。至此，合两姓之好的人生最重要的婚礼就完成了。

丧葬之礼。用特定方式表达对亲人离去的悲痛是一个民族文化的表现。中国人孝道中体现孝的内容之一是事死如事生，所以丧葬之礼很受重视。中国古代礼仪中“礼莫重于丧”，丧葬之礼仪节复杂、内涵丰富。

古代丧服制度

丧服制度与宗法制度相辅相成，是古代社会生活中突出的文化现象。丧服的规定是按血缘亲疏来决定。家族之内虽是宗亲关系，亲疏却有很大区别，血缘越远，感情自然越淡。民间用“五服”（高祖父至自身五代）来衡量是否处于一个家族。到了六世，尽管先祖有血缘关系，但亲属关系已经斩断，即使对方有丧事，也可以不作任何表示。古代丧服分为5种等次：斩衰、齐衰、大功、小功、缌麻。据此服丧，斩衰最重，缌麻最轻。在服装上的规定是为了体现服丧者与逝者的亲疏关系。亲属关系远近，看丧服就一目了然，比如通过制作方法的繁简。“斩衰”的丧服直接用刀斩断，不缝边，意思是突然遭遇大丧，悲痛欲绝，无心修饰，处处从简。

古时，子女一般为父母守丧三年。儒家认为，丧期三年是为了报答至亲的养育之恩。另外，古人十分看重服丧期间的行为，以此来判断感情真假、德行高低。服丧是为了表达内心悲伤而制定的，丧期的长短是由生者和逝者的恩情决定的。在服丧期间，若是去饮酒作乐，没有本应有的哀伤表现，就会被认为丧失人性，为社会所不齿，其社会信誉会受到严重影响。

历经数千年发展演变，中国的丧葬文化发生了巨大转变。大部分乡村仍保留传统的丧葬形式，但较古时已经简化，服丧时间也大为缩短。城市更多选择现代化的送别仪式，完成对人一生的终极关怀。

第四章

治国——中国人的国家情怀

古代中国中央与地方、上级与下级，以及同级关系的处理原则，都是用礼的形式来体现。朝廷通过礼的制度规范百姓行为，稳定社会秩序，使得上下顺畅、民间祥和。中国历史上的每一个王朝更替，礼乐几乎都是其开朝初期整治的首要工作，目的就是以礼乐来规范社会关系，巩固对社会的统治。“礼制”在维护古代社会秩序和社会稳定方面发挥了极为重要的作用，以“礼制”有效地实现了“礼治”。

一、天下兴亡，匹夫有责

孔子在《春秋》中提到，在社会交往中，影响人们行为的，除了趋利避害的基本动机之外，还有一种更高尚、更纯粹的动机叫作“分”，即“本分”，我们今天通常称为“责任”，它是比人本能的动机更高尚的一种动机。这种责任不仅仅是对自己负责，更重要的是推己及人，己欲立而立人，己欲达而达人。从个人到家庭、到国家、到天下，中国儒家学人形成了特有的家国天下意识。从孟子的“穷则独善其身，达则兼济天下”，到范仲淹的“先天下之忧而忧，后天下之乐而乐”，再到顾炎武的“天下兴亡，匹夫有责”等，都生动诠释了中国人家国天下的社会责任感，以及中华民族敢于担当的内在禀赋。

现今，人们赋予“天下兴亡，匹夫有责”这一命题更宽广的含义。限于历史条件，在孟子的时代，“普天之下”与“四海之内”几乎是同义词，虽然先哲们意识到“天下”包括不同的“国家”，但都局限在中华大地上。今天，地球越来越变成一个“小村落”，站在全球视野上，“天下”可以用来指称生活在同一个宇宙空间、同一片蓝天之下的整个人类世界；而“兴亡”则兼涉从个体道德修养到社会政治、经济、文化诸方面的兴衰；“匹夫”当指生活于其间的每一个人，无论其社会地位的高低；“有责”即要求每一个人秉持主人翁态度，从自身做起，遵守社会规范，参与社会活动，共同推进国家的文明进步。①

---

① 胡家祥．天下兴亡，匹夫有责［N］．光明日报，2016-08-24（2）．

就企业而言，有社会责任感、“以义生利”的企业更能获得人们的信任和支持。中国人在追求利益的同时，还十分注重考量道义层面，甚至可以为了道义牺牲利益，这是不能用现代经济学理论去解释的。孔子认为这是君子人格的象征：“君子喻于义，小人喻于利。”中国古代的历史传记、文学艺术中也有大量崇义抑利的作品。经典的告诫，加上后世的不断强调，逐渐造就了中国人“重义轻利”的意识，就是说，人要在一生各个方面都去追求义，而不要追求利。清道光年间，徽州商人舒遵刚认为，生财的大道是以义为利，而不是以利为利。徽商在自己的经营实践中认识到，只有合乎道德的经商行为才能带来利益。义是生利的大道，离开了义，财源也就枯竭了。当然，在一定的条件下，义利两者也可能发生冲突，作为徽商，则是宁可失利而不愿失义。中国企业家对“以义生利”观念的落实也充分体现在抗击新冠肺炎疫情期间。中国运动品牌鸿星尔克，曾濒临破产，近年来经营状态不温不火，但却因疫情期间捐款5000万元迅速爆火。人们发现该企业在汶川地震、玉树地震、河南洪涝灾害时都默默地为社会贡献力量。消息一出，全国掀起抢购鸿星尔克的热潮，网店售罄，实体店也呈现门庭若市的空前盛况，企业也在危机中获得重生的机会，中国消费者用实际行动表达对有社会责任感的企业的支持。

在现代社会中，不论是行政手段，还是法律手段，都属于刚性治理，但都无法脱离“文化”的统领。礼仪文化中一部分具有可操作性的行为规范被纳入法律规范及制度规范中，已经具有了制度的外在强制性特征，而礼仪文化中那一部分不具有可操作性的内容，通过浸润和陶冶的方式雕琢国民德性，形塑高雅气质，具有柔性治理的特征。成功的社会治理应该是刚性治理和柔性治理的结合，单靠一种治理方式是不能实现全面治理的。礼仪文化融刚性治理与柔性治理于一体，契合了社会治理对于刚柔相济的需求，补充了其他治理手段的不足，在现代的中国社会中越来越受到重视。

从国家的层面看，国家司法、政务、军务等礼仪方面的规定，或者以法律条文的形式确定，或者以制度规范的形式规定，都具有严格的“刚性”约束力。即便是企业管理领域的礼仪规范，也具有一定程度的强制性特点。而传统的风俗、习惯、仪式等又属于约定俗成的非正式制度，不是依靠社会的强制力对社会成员发生作用，而是通过潜移默化的浸染植入人们的意识之中，通过作用于人的内心，进而提升人的觉悟、完善人的品格，实现社会的稳定。所以，利用礼仪规范来促进社会治理的完善，并由此达到群体行为协同和整个社会和谐是非常有效的途径。

爱国情怀在庄严有序的集体活动仪式中可以得到熏陶和升华。世界各国都有升国旗的国家规制。通过升国旗的仪式，让民族认同感、荣誉感、使命感潜移默化入民心。中国全日制中小学，除假期外，每周举行一次升旗仪式。学生们穿上干净整齐的校服，佩戴红领巾，整齐列队，随着国歌的奏响，右手手指并拢，举过头顶，双目注视国旗，直至国旗升至顶端，国歌结束。不再佩戴红领巾的高年级学生，则行注目礼。

每天在太阳露出曙光的时刻，北京天安门广场会由解放军仪仗队举行升国旗仪式。隆重而庄严的仪式，十分具有观赏性，全国各地的人们不远万里前往天安门广场观看。清晨人们默默在广场中等候，期待解放军仪仗队的出现，士兵们挺拔优美的身姿给人以视觉之美。

现代心理学的研究表明，集体仪式对群体的建设和发展有重要意义，可以通过相关的仪式和程序，推动产生群体凝聚力，激发团结合作精神。目前，国家工作人员在就职时需要进行宪法宣誓，这类仪式活动能够塑造个体的社会责任感、职业崇高感。以国家礼仪的形式进行爱国情怀教育，对于培养人民的民族自豪感和社会责任担当意识是十分有效的。

三类国家典礼

具有强大代入感的仪式活动可以激发民众的民族认同感、凝聚力和爱国情怀。现有的国家典礼大致可分为三类：一是在重大历史节点举行盛大典礼，闪耀党的光辉、彰显国威军威、振奋民族精神，如新中国成立70周年庆典活动；二是围绕关键事件组织开展深入人心的纪念活动来缅怀英雄，如南京大屠杀死难者国家公祭仪式；三是通过庄重规范的仪式使重要岗位工作者增强使命感、提升责任感、激发荣誉感，如中华人民共和国国家勋章和国家荣誉称号颁授仪式。这些重大仪式活动可以彰显国家力量，唤起人民的家国责任感，在国家的文明建设中扮演着重要角色。

二、生态伦理，礼法自然

生态伦理是人与自然之间的道德关系，是国家长治久安、持续发展的保障。中华文化源远流长，蕴含着丰富的生态伦理思想，为人与自然和谐共生提供了富有启发性的智慧成果。

以孔孟为代表的儒家学派，对人与自然的关系进行了深刻的思考，形成了一套比较系统的生态伦理道德观。《礼记·祭义》中说："曾子曰：'树木以时伐焉，禽兽以时杀焉。'夫子曰：'断一树，杀一兽，不以其时，非孝也。'"在不违背自然规律的前提下，适当采伐和狩猎是可以的，违反时令是对创造人的上天的不孝。这里将人类社会的孝用在天人关系中，是伦理化天道观的体现。《孟子·梁惠王上》中说："不违农时，谷不可胜食也，数罟不入洿池，鱼鳖不可胜食也；斧斤以时入山林，材木不可胜用也。"《周易·系辞上》中强调，人虽有创造力和实践能力，但文明本身不能脱离自然界而存在，人类社会的运转要符合自然规律，"与天地相似，故不违。知周乎万物，而道济天下，故不过。旁行而不流，乐天知命，故不忧。安土敦乎仁，故能爱"。

传统的儒释道都对环境保持相当程度的爱护和敬畏。儒家提倡“生生不息”。道家主张“万物有道”，推崇“道法自然”的思想。他们认为天地万物都是以“道”为本原的有机统一整体，人也是天地自然的一部分。佛家主张“不得杀生”“众生平等”等，从对自然生命的宽容爱护导向对不同思想文化的宽容，这也可以说是中国古代环境伦理对思想生态的独特贡献。

现代生态文明是农业文明、工业文明发展之后的一个更高阶段。从狭义的角度讲，生态文明与物质文明、精神文明和政治文明是并列的文明形式，是协调人与自然关系的文明。在生态文明理念下的物质文明，致力于消除经济活动对大自然自身稳定与和谐的威胁，逐步形成与生态相协调的生产生活与消费方式；生态文明下的精神文明，更提倡崇尚自然、认知自然价值，建立适合人自身全面发展的文化与氛围，从而转移人们对物质的过分关注；生态文明下的政治文明，尊重利益和需求多元化，注重平衡各种关系，避免由于资源分配不公、个体或群体的相互斗争以及权力的滥用而造成的生态破坏。生态文明是对现有文明的超越，引领人类放弃工业文明时期形成的重功利、重物欲的享乐主义，更关注可持续的长久发展。

中国的现代化建设取得了值得称赞的成就，与此同时也带来了生态环境的问题。为此，中国正在大力进行生态环境保护，推动绿色发展，把建设美丽中国确定为中华民族永续发展的千年大计。中共十八大以来，“坚持人与自然和谐共生”“绿水青山就是金山银山”等理念指导中国实践，生态文明建设不断向纵深推进。

中国持续深入开展污染防治攻坚战，以前所未有的决心和力度加强污染治理。2021 年，全国地级及以上城市空气质量优良天数比率提高到 87.5%。2016 年至 2020 年，中国整治修复海岸线 1200 公里，滨海湿地 34.5 万亩，全球领先。农用地和建设用地土壤环境安全得到基本保障，土壤环境风险得到有效管控。

中国大力推动绿色低碳发展，着力建立健全碳达峰碳中和“1+N”政策体系。中国已建成全球规模最大的碳市场和清洁发电体系，可再生能源发电装机容量超 10 亿千瓦，水电、风电、太阳能发电、生物质发电装机容量均居世界第一。过去 10 年，中国单位国内生产总值二氧化碳排放下降约 34%，绿色日益成为经济社会高质量发展的鲜明底色。

中国加大生态系统修复力度。率先在国际上提出和实施生态保护红线制度，建立健全以国家公园为主体的自然保护地体系。截至2022年，三江源、大熊猫等第一批5家国家公园设立，保护面积达23万平方公里。中国植树造林占全球人工造林的四分之一左右，森林覆盖率达到23.04%，成为近20年来全球森林资源增长最多的国家。

江西萍乡市将治水与绿化相结合，沿萍水河打造萍水湖湿地公园。（新华社 发 / 李桂东 摄）

中国持续完善生态环境保护法律法规，制定长江保护法、湿地保护法、噪声污染防治法、黑土地保护法等8部法律，修改大气污染防治法、水污染防治法等17部法律。

生态环境领域相关法律达到30余部。中央生态环境保护督察自2015年启动试点以来，实现两轮31个省（区、市）以及新疆生产建设兵团的督察全覆盖，并对6家中央企业和两个国务院有关部门开展督察，成为推动各地区各部门落实生态环境保护责任的重要举措，有力促进了法律法规制度落地见效。

中国传统的环境伦理精神仍具有独特的生命力。当前，中国政府和社会各界在治理环境问题上形成共识，并为推动建立人与自然和谐共生的美丽中国付出积极努力，为人类的可持续发展贡献力量。

三、社区善治

自古以来，中国老百姓的生活一直围绕“安居乐业”这四个字展开，期望有“太平盛世”。《礼记》为人们描绘了一幅理想社会的蓝图：“大道之行也，天下为公。选贤与能，讲信修睦，故人不独亲其亲，不独子其子，使老有所终，壮有所用，幼有所长，矜寡孤独废疾者皆有所养。男有分，女有归。货恶其弃于地也，不必藏于己；力恶其不出于身也，不必为己。是故谋闭而不兴，盗窃乱贼而不作，故外户而不闭，是谓大同。”这里的“大同”，是中国古代治理社会的最高准则，是儒家的理想社会。中国古代十分重视社会救济。据《周礼》记载，当时社会已经有诸多关于社会保障及荒政的措施和制度，如减免百姓贡税负担的“太宰”、为百姓治病的“疾医”、实行荒政和救济孤寡的“大司徒”、负责日常及灾荒时救济与施舍的“遗人”等。施行社会救助方面的具体措施有著名的“保息六政”：“司徒以保息六，养万民，一曰慈幼、二曰养老、三曰赈穷、四曰恤贫、五曰宽疾、六曰安富。”要求值守官员在对待属地居民时做到爱护幼小儿童、尊养年长者（包括年高德劭之人和鳏寡老人）、救济穷人、善待残疾人和使富者安定等。

中国现代城市社区是指在特定区域内由从事各种非农业劳动的密集人口所组成的社会群体和组织，按照一定的规范和制度结合而成的社会实体。社区是具有某种互动关系和共同文化维系力的人类群体进行特定社会活动的区域，是社会经济发展的城市化产物。中国城市化的快速深入发展，使得社区数量增加，社区建设发展功能完善，社区对保障城市居民生活的作用越来越明显，社区在社会管理中的作用不断凸显。

社区服务包括面向残疾人、老年人、妇女、少年儿童以及各类弱势群体提供的帮助和服务，也包括面向社区全体居民提供的各种公益性服务。社区通过开展各种形式的文体活动及技能培训活动，寓教于乐，丰富居民的业余生活，为居民交流提供平台，形成友好的社区人际关系，创造和谐有序的社区生活。

志愿者在社区托管班里给孩子们介绍民族特色手工制品。（新华社 徐昱 摄）

2017年3月，中国开始实施垃圾分类政策。社区在垃圾分类工作中扮演着组织者、宣传者、引导者和管理者的角色，承担着社区垃圾分类、垃圾资源回收、垃圾分类巡查以及引导居民组建和参与自治组织等一系列工作，帮助居民提高垃圾分类知识和垃圾分类意识。

社区在承载服务居民功能的同时，也承担了对居民进行文明教育的责任。以北京建立文明市民学校为例，北京在各区县建立文明市民学校，各区又在各街道建立文明市民分校，召集居民学习“文明公约”和《新时代公民道德建设实施纲要》等，对居民进行文明宣传、礼仪教育，鼓励居民爱护社区环境、积极参与社区活动。同时宣传科学思想、传播科学理念、普及科学知识，并在传统节日组织居民开展演出活动，增强社区的凝聚力。新冠肺炎疫情暴发以来，防疫工作下沉到社区，社区落实联防联控措施，筑牢群防群治防线，在疫情防控及管理方面发挥了基础性、关键性作用。未来中国社区的基础功能将愈发完善，在社会治理中扮演更重要的角色。

四、文明建设

着眼于民族发展的未来，中国政府长期以来注重文明建设工程，发展建设文明生态，为人民提供优良的文化环境，促进整个民族素质的提升。国家文明建设首先关注的是公共秩序的建立。公共秩序是人类社会生存与发展的基本条件，关系到人们的生活质量和社会的文明程度。任何社会都在一定的秩序轨道上运行，它能保障每名社会成员的权利，保障社会的健康运转。传统中国社会的公共秩序是“礼”，代表的是那个时代的公共秩序，它对人们社会生活的方方面面作出了详细的规定，使得人们在公共社会生活中有礼可依、有据可凭。工业文明带来全新的生活方式、社会关系。传统礼乐制度退场，新的社会公共秩序正在逐渐形成。

中国政府为了大力推动文明建设，积极出台各项政策，推动各地区、各级政府进行全国联动工程。比如文明城市评选活动。参与评选的城市从城市建设、绿化率、市民文明行为、交通安全水平、卫生达标程度等不同维度衡量本城市整体文明水平，从而采取切实的措施，改善城市生态环境，创造舒适便利的生活环境，丰富市民的文化生活，提升整个社会文明程度。除此之外，还有文明村镇、文明单位、文明家庭、文明校园活动等，很多地区还举办市民文明礼仪大赛、行业礼仪大赛等。

除此之外，中国还大力推动乡村文化振兴，用优秀乡村文化提振农村精气神，增强农民凝聚力，孕育社会好风尚。一方面，政府鼓励深入挖掘、继承、创新优秀传统乡土文化，加大对古镇、古村落、古建筑、民族村寨、文物古迹、农业遗迹的保护力度，深入挖掘民间艺术、戏曲曲艺、手工技艺、民族服饰、民俗活动等非物质文化遗产，把保护传承和开发利用有机结合起来。另一方面，政府推动文化下乡，鼓励文艺工作者深入农村、贴近农民，推出具有浓郁乡村特色、充满正能量、深受农民欢迎的文艺作品；整合乡村文化资源，广泛开展农民乐于参与的群众性文化活动；培育挖掘乡土文化人才，开展文化结对帮扶，制定政策引导企业家、文化工作者、科普工作者、退休人员、文化志愿者等投身乡村文化建设，形成一股新的农村文化建设力量。

近年来，在陕西西安市蔡家坡村等地，文艺工作者持续进行艺术实践和教学，致力于乡村文化再建，并连续举办“关中忙罢艺术节”。2022 年 6 月 12 日，游客在蔡家坡村剧场观看关中忙罢艺术节“集在麦田”音乐演出。（新华社 发）

多方面的努力，共同推动了全社会文明建设的进程。政府优化公共文化设施，完善公共文化生态体系，引导民众开展文化消费，提升文化消费质量。全球化带来了物质生产全球化，精神文化活动也随之全球化。在此背景下，中国正在形成具有中国特色的新型文化生态，并更加深入地融入国际文化之中。任何一个民族的文化都不再单纯局限于本民族之内，而要与整个世界联系在一起，各放异彩。当代中国文明建设，既要继承和弘扬中华优秀传统文化的宝贵成果，又应吸收和借鉴人类社会创造的一切优秀文明成果。中国不断加大对文化科技创新的投入，加强知识产权保护，推动大数据、区块链、人工智能等技术与文化经济发展深度融合，推进文化经济集聚化、智能化发展，激发和提高文化生产力，提升文化供给能力。

中国互联网生态建设

网络文明是伴随互联网发展而产生的新的文明形态，是现代社会文明进步的重要标志。网络时代，网络空间成了文化诞生、传播发展的主要阵地，是文化繁荣的新载体。互联网的普及使得“网民围观”等网络现象成为集体道德判断的力量。有些时候网民的高度关注可以对社会热点事件起到监督作用，但群体道德心理也易受到网络媒体操纵，在很大程度上会左右事态的发展，甚至对现实社会安全构成威胁。不仅中国，世界各国都在面临这样的现实困惑，如何对网络空间加强监督管理是世界各国都需要探讨和解决的问题。

中国陆续出台网络安全法、数据安全法、个人信息保护法、《网络信息内容生态治理规定》等法律法规，打击隐私侵犯、网络暴力、病毒传播等网络犯罪行为，强调“互联网不是法外之地”，确保互联网在法治轨道上健康运行。世界上大多数国家都有相关法律，比如美国的《信息自由法》《电子通信隐私法》，德国的《信息和通信服务法》，俄罗斯的《联邦信息、信息化和信息保护法》等。

与此同时，中国也不断通过提高互联网技术、建立互联网行业协会组织、制定互联网生态原则等措施，强化互联网安全保障体系，加强对网民的互联网道德教育，提高网民的公德修养和规则意识，倡导网络礼仪、网络文明发言，推动中国互联网生态健康、有序、成熟地向前发展，创造有礼的互联网生态环境。

第五章

平天下——中国礼待四方

中华传统思想中蕴含的世界观、人生观、价值观体现出中华民族特有的思维方式和精神标识，传承数千年，无时无刻不在影响着当代中国对外交往的实践活动。作为礼乐文明的大国，中国在国际交往中奉行“和平之礼”“发展之礼”“治理之礼”，彰显中国特色、中国担当、中国智慧，为全人类共同发展繁荣作出自己的贡献。

一、从“和合共生”到“人类命运共同体”

英国历史学家阿诺德·约瑟夫·汤因比经历过两次世界大战，见证了东西方辉煌与衰落。他认为，人类历史上出现过 26 个文明形态，只有中华文明是延续至今从未中断的。[①] 究其原因，在于中国文化强大的生命力、向心

① 熊澄宇 . 在交流和创新中增强文化自信［J］. 求是，2014（18）：44-45.

力和凝聚力，在于中华文化极强的兼容性和包容性，在于“和”的智慧和力量。

中华民族是源自“和合共生”的产物。从“百家争鸣”到“独尊儒术”，再到“儒释道法”融合共生、互补统一，中华文化的“多元一体”凝聚了中华民族共同体。儒以治世，法以治吏，道以治身，佛以治心。中国人认为，家国同构，身国同构，道理相通。读懂“儒释道法”之精神，就能读懂中国人为人处世与国家交往的基本思维方式。

在中华文化中，有一个非常重要的主题，即“和同之辩”，很典型地代表了中国人特有的思维方式。早在春秋时期，郑国的史伯就提出了“和实生物，同则不继”的重要观点。什么是和，什么是同呢？史伯说：“以他平他谓之和，故能丰长而物归之；若以同裨同，尽乃弃矣。”（《国语·郑语》）意思是不同的东西混合在一起而达到一种和谐的状态，这就是和，这样才能促使事物不断丰富成长；而如果完全相同的东西简单叠加在一起，这就是同，这样事物就会停止向前发展，最终被抛弃。史伯举例说，假如只有一种音调就谈不上动人的音乐，假如只有一种颜色就构不成五彩的画卷，假如只有一种味道就称不上美味的佳肴。

孔子继承前人“和同之辩”的思想，用以阐释君子为人处世的德行，提出“君子和而不同，小人同而不和”(《论语·子路》)。杨伯峻在《论语译注》里解释为：“君子用正确的意见来纠正别人的错误意见，使一切都做到恰到好处，却不肯盲从附和。小人只是盲从附和，却不肯表示自己的不同意见。”后来《中庸》进一步引申出“万物并育而不相害，道并行而不相悖”的思想。这形成了中华文化包容精神的基础，尊重差异性和多样性，海纳百川以成其大，中华文化因此薪火相传、延续至今。

中国人早就懂得了“和而不同”的道理。《左传》记录了齐国上大夫晏子关于“和”的一段话：“和如羹焉，水、火、醯、醢、盐、梅，以烹鱼肉。”“声亦如味，一气，二体，三类，四物，五声，六律，七音，八风，九歌，以相成也。”“若以水济水，谁能食之？若琴瑟之专一，谁能听之？”世界上有200多个国家和地区，2500多个民族和多种宗教。如果只有一种生活方式，只有一种语言，只有一种音乐，只有一种服饰，那是不可想象的。

中华传统文化作为一种多元融合型文化，正是由其内在的“和而不同”精神所决定的。我们传统的儒释道三家文化，各自有各自的立场、主张和理论体系，但它们并没有互相“吞并”对方，而是相互影响，你中有我，我中有你，但你还是你，我还是我。它们以兼容并包的气势，承认中华大地上各民族的文化价值，最终形成了“多元一体”的中华文化。

“和”作为中国传统哲学的一个重要范畴，它告诉我们：事物既是千差万别，又是相融共存的。“和合共生”承认多样，承认差别，承认矛盾、冲突乃至对抗，这是“和”的基本前提。正因为有对立面的存在，有多样的差异，才有了大千世界的丰富多彩。我们的社会是一个多元的社会，有不同的生活方式、不同的利益追求、不同的价值观念……这些都是不以人的意志为转移的客观存在。

不同国家和地区，在历史背景、传统文化、宗教信仰、价值观念、社会制度以及经济发展的阶段和模式上，都存在不同的差异。正是差异，产生了认知和改造世界的丰富智慧和生命体验，形成了五彩斑斓的人类世界。全球化时代，各国之间形成了“你中有我、我中有你”的共生局面，这为建设人类命运共同体提供了客观条件。当前，世界百年未有之大变局加速演进，世界面临的不稳定性、不确定性突出，面对世界经济增长动能不足、恐怖主义、网络安全、重大传染性疾病、气候变化等许多全球性问题和挑战，世界各国“一荣俱荣、一损俱损”，需要同舟共济、协调行动。

“宇宙只有一个地球，人类共有一个家园。”2013 年 3 月，习近平主席在莫斯科国际关系学院发表演讲，明确提出“你中有我、我中有你的命运共同体”思想。2015 年 9 月，习近平主席在出席第 70 届联合国大会一般性辩论时对“人类命运共同体”思想作了全面系统阐述。对于构建人类命运共同体应该遵循的原则，2017 年 1 月，习近平主席在联合国日内瓦总部发表的演讲中指出：“纵观近代以来的历史，建立公正合理的国际秩序是人类孜孜以求的目标。从 360 多年前《威斯特伐利亚和约》确立的平等和主权原则，到 150 多年前日内瓦公约确立的国际人道主义精神；从 70 多年前联合国宪章明确的四大宗旨和七项原则，到 60 多年前万隆会议倡导的和平共处五项原则，国际关系演变积累了一系列公认的原则。这些原则应该成为构建人类命运共同体的基本遵循。”中共十九大报告指出了人类命运共同体思想的核心内涵：“建设持久和平、普遍安全、共同繁荣、开放包容、清洁美丽的世界。”这一倡议提出后，受到国际社会高度关注和欢迎，引发世界共鸣，并被写进联合国重要文件。

具体而言，构建人类命运共同体，要相互尊重、平等协商，坚决摒弃冷战思维和强权政治，走对话而不对抗、结伴而不结盟的国与国交往新路。要坚持以对话解决争端、以协商化解分歧，统筹应对传统和非传统安全威胁，反对一切形式的恐怖主义。要同舟共济，促进贸易和投资自由化便利化，推动经济全球化朝着更加开放、包容、普惠、平衡、共赢的方向发展。要尊重世界文明多样性，以文明交流超越文明隔阂、文明互鉴超越文明冲突、文明共存超越文明优越。要坚持环境友好，合作应对气候变化，保护好人类赖以生存的地球家园。

二、从“以和为贵”到“和平共处五项原则”

文明的起源与地理环境、气候条件密切相关。中华民族生息繁衍于欧亚大陆的东部，西北两面有高山大漠，东南两面向大海敞开，形成相对封闭的地理单元；太平洋季风给东南地区带来足够的降水，黄河、长江横贯东西，农业发展的条件得天独厚。中华文明很早就进入“日出而作、日落而息”的农耕社会。相对于其他文明，农耕文明自给自足，安土重迁，勤劳为善，物产丰富。自大一统王朝形成后，历朝历代皆以农立国，不乐于开疆拓土。每每征战，必消耗国力，招致农民起义，政权不稳。所以，丰衣足食、长治久安是每一位皇帝谨记的治国之圭臬。“和合”精神已经深深内化为中华民族的文明基因，“以和为贵”的价值取向代代相传，成为对内处理民族关系、对外处理国家关系的准绳。

中华民族以文明之心，礼待天下。在儒家看来，“内圣外王，以德治国”是实现人类社会长治久安的前提。“德治”可以用“仁、义、礼、智、信”来解释。“仁”者，要求国家间应宽容友善，以谈判、斡旋、调停等外交手段，化干戈为玉帛，达到和谐共生；“义”者，要求匡扶正义，救他国于危难；“礼”者，要求国家间建章立制，遵礼而行；“智”者，要求明辨是非，主持公道；“信”者，要求国家守信践诺，凝聚人心。以此为则，国际社会可秩序井然。中国一向珍惜在国际社会的声誉，在外交活动中秉持“谦谦君子之国”的价值取向。中国重视道义，量国力乐善好施。在判定国际事务的是非曲直上，中国重视公平正义。在与各国交往中，中国承认国家间的差异性、多样性，求大同，存小异，包容互补，不强求同一。在对外政策的制定与执行中，中国坚持言行合一，一诺千金。

中国“以和为贵”的价值观不是放弃原则的一味妥协，在暴力和强权面前也需要在斗争中求和平。中国人也有自己的斗争哲学：“国虽大，好战必亡；天下虽平，忘战必危”“杀敌一万，自损三千”“合则两利，斗则两败”“以战止战，虽战可也”“上兵伐谋，其次伐交，其次伐兵，其下攻城。攻城之法为不得已”。因此，古代中国奉行防御性的国防政策，历朝历代基于对北方游牧民族的南下侵袭而不断修筑防御工程，最终形成“上下两千年，纵横十万里”的长城。长城的城墙作为农耕民族和游牧民族的分界线，长城的关隘亦是茶马互市的通道，既阻挡住战争的步伐，又能够共存发展，万里长城也成为中华民族的象征。1974 年，中国向联合国首次赠送了一幅具有国家象征意义的艺术挂毯——“长城”，展示了长城的雄伟气魄，表达了祝福世界和平的美好愿望。

悬挂于美国纽约联合国总部的长城挂毯（新华社 李木子 摄）

和平共处五项原则是中国“和合”精神在当代外交领域的体现与创新。1954 年 6 月，以“互相尊重主权和领土完整、互不侵犯、互不干涉内政、平等互利、和平共处”为内容的和平共处五项原则作为处理中国与印度和缅甸相互关系的准则，分别写入中印、中缅联合声明。此后，由中印缅三国共同倡导的和平共处五项原则，相继被翌年召开的万隆会议和其他发展中国家的多边国际会议以及不结盟运动所接受。它的基本内容已涵盖于联合国通过的一些宣言之中，成为国与国之间建立和发展友好合作关系的公认准则。

和平共处五项原则作为中国长期奉行的独立自主和平外交政策的基础，早已载入中国宪法，并体现在中国与众多国家的建交公报中。中国作为“和平共处五项原则”的最早倡导者和积极实施者，多年来始终不渝走和平发展道路。2017 年 10 月 18 日，习近平总书记在中国共产党第十九次全国代表大会上作报告，指出中国将“坚定不移在和平共处五项原则基础上发展同各国的友好合作，推动建设相互尊重、公平正义、合作共赢的新型国际关系”。

随着中国的快速发展，国际上有些人担心中国会成为一种“威胁”，对此，习近平总书记在不同场合指出，我们不认可“国强必霸”的逻辑，坚持走和平发展道路；中国人民对战争带来的苦难有着刻骨铭心的记忆，对和平有着孜孜不倦的追求，十分珍惜和平安定的生活；中国无论发展到什么程度，永远不称霸，永远不搞扩张；中国坚持走和平发展道路，坚持独立自主的和平外交政策，不是权宜之计，而是我们的战略选择和郑重承诺。

中国坚持走和平发展道路，尊重各国人民自主选择发展道路的权利，维护国际公平正义，反对把自己的意志强加于人，反对干涉别国内政，反对以强凌弱。中国决不会以牺牲别国利益为代价来发展自己，也决不放弃自己的正当权益，任何人不要幻想让中国吞下损害自身利益的苦果。中国奉行防御性的国防政策。

和平是宝贵的，和平也是需要维护的，破坏和平的因素始终值得人们警惕。大家若都只想享受和平，不愿意维护和平，那和平就将不复存在。中国人民坚持走和平发展道路，也真诚希望世界各国都走和平发展这条道路，共同应对威胁和破坏和平的各种因素，携手建设持久和平、共同繁荣的和谐世界。

三、积极发展全球伙伴关系

改革开放以后，中国坚持独立自主的和平外交政策，高举和平、发展、合作、共赢的旗帜，推进和完善全方位、多层次、立体化的外交布局，打造遍布全球的伙伴关系网络，推进大国协调合作，推动构建和平共处、总体稳定、均衡发展的大国关系框架，按照亲诚惠容理念和与邻为善、以邻为伴周边外交方针深化同周边国家关系，秉持正确义利观和真实亲诚理念加强同发展中国家团结合作。

中华文化历来注重广交朋友，深交朋友，推崇“一个好汉三个帮”“众人拾柴火焰高”的互助精神。伙伴关系讲求互利合作，发挥各自优势，做大共同利益的蛋糕，实现共同发展。2014 年 11 月底，习近平总书记在中央外事工作会议上提出，要在坚持不结盟原则的前提下广交朋友，形成遍布全球的伙伴关系网络。中共十八大以来，中国伙伴关系外交呈现分布更加均衡、形式更加多样、表达更加丰富、定位更加精准等新特点。中国建交国由新中国成立初期的 18 个增加到 181 个，中国同 110 多个国家和地区组织建立了不同形式的伙伴关系。这些伙伴关系具有一个共同特点，就是坚持相互尊重、平等相待。这也是中国的“朋友圈”越来越大、“伙伴网”越来越密的重要原因。从领导人交往到国与国合作，从双边互动到多边舞台……频繁密集的外交活动，生动体现了我们的朋友遍布全球。

发展全球伙伴关系，没有主次之分，没有阵营之别，没有门户之见，体现了平等性、和平性和包容性。志同道合是伙伴，求同存异也是伙伴。“存异”是自我身份的维护，“求同”就是扩大利益交汇点。各国社会制度和发展道路各不相同，既不能定于一尊，也不能生搬硬套。中国坚定不移走中国特色社会主义道路，同时尊重每个国家自主探索符合本国国情发展道路的权利，同各国平等交流现代化建设经验，但从不输出模式，不把自己的意志强加于人。

中国倡导的伙伴关系主张对话不对抗、结伴不结盟，不设假想敌，不针对第三方，致力于以共赢而非零和的理念处理国与国的交往，增进战略互信，减少相互猜疑，从根本上摒弃了以大欺小、倚强凌弱、以富压贫的强权路径，为各国平等参与国际事务，推动国际关系民主化和法治化注入新动力。

加强人文交流，不断增进人民感情，是推动伙伴关系发展行稳致远的重要内容之一。以势交者，势倾则绝；以利交者，利穷则散；以心相交者，成其久远。国与国友好的基础是否扎实，关键在于人民友谊是否深厚。回望历史长河，“以心相交、以诚相待”一直是中华民族对外交往的智慧与精髓。约600年前，明朝郑和七下西洋，给沿途国家带去文明和友谊的种子，至今依然生生不息。今天，基于共商共建共享原则的“一带一路”建设，不仅促进经济贸易交往，也促进中国与“一带一路”沿线国家在科学、教育、文化、卫生等各领域的分享与交流，促进中国与沿线国家政策沟通、设施联通、贸易畅通、资金融通、民心相通。这其中，所有的相通都基于民心相通。丰富的人文交流与合作，夯实了伙伴关系的社会与民意基础，为伙伴关系发展带来全方位的效益，为推动构建人类命运共同体作出了不可替代的贡献。

四、大道之行，始于足下

联合国在第二次世界大战的废墟上建立，作为世界上最具普遍性、代表性和权威性的政府间国际组织，在维护世界和平、促进共同发展、建立公正合理的国际秩序方面，发挥着不可替代的作用。

中国是第一个在联合国宪章上签字的国家，是联合国创始会员国，也是安理会常任理事国中唯一一个发展中国家。1971 年 10 月 25 日，第 26 届联合国大会以压倒性多数通过第 2758 号决议，决定恢复中华人民共和国在联合国的一切权利，承认中华人民共和国政府代表是中国在联合国的唯一合法代表。新中国恢复在联合国合法席位以来，中国全面参与和支持联合国事业，持续为世界和平与发展作出贡献。

中国始终维护联合国权威和地位，践行多边主义，中国同联合国合作日益深化。中国忠实履行联合国安理会常任理事国职责和使命，维护联合国宪章宗旨和原则，维护联合国在国际事务中的核心作用。中国坚定支持多边主义，多次表示：世界只有一个体系，就是以联合国为核心的国际体系。只有一个秩序，就是以国际法为基础的国际秩序。只有一套规则，就是以联合国宪章宗旨和原则为基础的国际关系基本准则。对联合国，世界各国都应该秉持尊重的态度，爱护好、守护好这个大家庭，决不能合则利用、不合则弃之，让联合国在促进人类和平与发展的崇高事业中发挥更为积极的作用。中国愿同世界各国秉持共商共建共享理念，探索合作思路，创新合作模式，不断丰富新形势下多边主义实践。

2015 年 9 月，习近平主席出席第 70 届联合国大会一般性辩论并发表重要讲话，郑重提出：“和平、发展、公平、正义、民主、自由，是全人类的共同价值，也是联合国的崇高目标。”“全人类共同价值”贯通了个人、国家、世界三个层面，既反映了人作为个体对生存、发展、平等、自由的共同追求，也浓缩了世界各国处理彼此关系时的普遍共识。其中，和平是人类生存的基本要素，发展是人类生存的根本前提，和平与发展决定着人类文明的存续和进步，每个国家和民族都享有平等的发展机会和权利。公平是维护社会秩序的基础、实现发展的保障，正义是对社会道义的担当。追求公平正义，就要始终根据事情本身的是非曲直决定立场；国家不分大小、强弱、贫富，主权和尊严必须得到尊重，内政不容干涉。民主是人的政治价值的实现，各国民主植根于本国的历史文化传统，成长于本国人民的实践探索和智慧创造；人民是否享有民主权利，要看人民是否在选举时有投票的权利，也要看人民在日常政治生活中是否有持续参与的权利。自由是人的社会价值的追求。真正的自由建立在法律和道德允许的范围内。世界上所有的国家和民族都有权自主选择社会制度和发展道路。习近平总书记深刻指出："我们要本着对人类前途命运高度负责的态度，做全人类共同价值的倡导者，以宽广胸怀理解不同文明对价值内涵的认识，尊重不同国家人民对价值实现路径的探索，把全人类共同价值具体地、现实地体现到实现本国人民利益的实践中去。"

作为世界和平的建设者，中国积极倡导以和平方式政治解决争端。截至2021年，中国已派出5万多人次参加联合国维和行动，已经成为第二大联合国会费国、第二大维和摊款国。为了促进世界安危与共，习近平主席在博鳌亚洲论坛2022年年会开幕式上首次提出“全球安全倡议”，为弥补人类和平赤字贡献了中国智慧，为应对国际安全挑战提供了中国方案。倡议以“六个坚持”为核心要义，即坚持共同、综合、合作、可持续的安全观，坚持尊重各国主权、领土完整，坚持遵守联合国宪章宗旨和原则，坚持重视各国合理安全关切，坚持通过对话协商以和平方式解决国家间的分歧和争端，坚持统筹维护传统领域和非传统领域安全。

中国大力促进全球发展。经过持续奋斗，中国实现了第一个百年奋斗目标，在中华大地上全面建成了小康社会，历史性地解决了绝对贫困问题。中国提前10年实现联合国2030年可持续发展议程减贫目标，对世界减贫贡献超过70%，为在全球范围内推进减贫事业、实现可持续发展作出巨大贡献。中国推动各国将发展置于全球宏观政策框架的突出位置，积极为发展中国家落实2030年可持续发展议程提供力所能及的帮助。截至2020年，中国为发展中国家提供180个减贫项目、118个农业合作项目、178个促贸援助项目、103个生态保护和应对气候变化项目、134所医院和诊所、123所学校和职业培训中心。南南合作援助基金在30多个发展中国家实施80余个项目，为全球可持续发展注入动力。中国向联合国妇女署捐款1000万美元，成为捐款最多的发展中国家。中国完成133个“妇幼健康工程”，邀请3万多名发展中国家妇女来华培训，为世界妇女事业作出重要贡献。

2021年9月，习近平主席在第76届联合国大会一般性辩论上，提出“全球发展倡议”。他指出，发展是实现人民幸福的关键。面对疫情带来的严重冲击，我们要共同推动全球发展迈向平衡协调包容新阶段。全球发展倡议以“六个坚持”为主要内容，即坚持发展优先，坚持以人民为中心，坚持普惠包容，坚持创新驱动，坚持人与自然和谐共生，坚持行动导向。在2022年6月举行的全球发展高层对话会上，习近平主席指出，中国将采取务实举措，继续支持联合国2030年可持续发展议程。比如，将加大对全球发展合作的资源投入，把南南合作援助基金整合升级为“全球发展和南南合作基金”，加大对中国—联合国和平与发展基金的投入，支持开展全球发展倡议合作。

对于中国在联合国的贡献，时任联合国秘书长潘基文给予高度评价:“中国是国际社会重要成员，是联合国议程不可或缺的伙伴。”现任联合国秘书长古特雷斯表示:“中国是联合国事业的坚定支持者和主要参与者，也是国际合作和多边主义的支柱，发挥着核心作用。”当今国际形势发生了复杂深刻的变化，全球性威胁和挑战需要强有力的全球性应对。在新形势下，中国愿同各国人民一道，秉持和平、发展、公平、正义、民主、自由的全人类共同价值，继续履行大国责任，展现大国担当，提供更多全球公共产品，与各国共同维护世界和平，共同分享发展成果，推动全球治理体系朝着更加公正合理的方向发展。

五、互利共赢的“一带一路”倡议

古丝绸之路的历史就是一部浓缩的人类交往史。它绵亘万里，跨越埃及文明、巴比伦文明、印度文明、中华文明的发祥地。19 世纪末，德国地理学家费迪南·冯·李希霍芬首次使用“丝绸之路”来命名历史上横贯欧亚大陆的全球化之路。随着考古挖掘的深入，“丝绸之路”的路线、贸易物品和精神内涵大大拓展。它既是“草原、绿洲、海洋”之路，也是“皮毛、小麦、香料、彩陶、瓷器、茶叶、玉石、青铜、黄金、白银”之路，还是“信仰、启迪、重生、融合”之路。

“达则兼济天下”，中国的经济崛起得益于全球化，中国愿意与全世界分享发展经验、发展成果。中国提出“一带一路”倡议，与沿线国家以共商共建共享为合作原则，发扬丝路精神，共同打造政治互信、经济融合、文化包容的利益共同体、责任共同体和命运共同体。

“一带一路”贯穿亚欧非大陆，一头是活跃的东亚经济圈，一头是发达的欧洲经济圈，中间广大腹地国家经济发展潜力巨大。基于合作区域和空间总体布局，中国进一步提出“六大经济走廊”，即以中欧班列为标志的新亚欧大陆桥、中国—中亚—西亚经济走廊、中国—蒙古—俄罗斯经济走廊、中国—中南半岛经济走廊、中国—巴基斯坦经济走廊、孟加拉国—中国—印度—缅甸经济走廊。21世纪海上丝绸之路重在联通太平洋和印度洋。中国的“一带一路”建设是开放包容的，不是中国一家的独奏，而是沿线国家和世界各国人民的合唱。

建设“一带一路”，政策沟通是重要保障，设施联通是优先领域，贸易畅通是重点内容，资金融通是重要支撑，民心相通是社会根基。自倡议提出以来，沿线众多国家响应参与。截至 2022 年 7 月底，中国已与 149 个国家、32 个国际组织签署 200 多份合作文件。基础设施网络不断完善。在亚洲，“中老铁路不是铺出来的，而是挖出来、架出来的”。铁路全线桥隧比达 71.1% 的中老铁路给沿线国家及其民众带来了实实在在的变化和机遇，也为促进区域互联互通和互利共赢作出积极贡献。在欧洲，中国与希腊合作，着力把比雷埃夫斯港打造成地中海地区重要的集装箱中转港、海陆联运枢纽和国际物流分拨中心。经贸合作实现质量效益双提升。截至 2022 年 6 月底，中国同共建“一带一路”沿线国家货物贸易额累计约 12 万亿美元，对沿线国家非金融类直接投资超过 1400 亿美元，对外贸易投资规模稳步提升。多元化投融资体系不断健全，“丝路基金”、亚洲基础设施投资银行等新型金融机制同世界银行等传统多边金融机构互为补充。民心民意根基持续夯实，“鲁班工坊”等 10 余个文化交流和教育合作品牌逐步形成。

2022 年 8 月 21 日，中欧班列（西安—汉堡）从陕西西安国际港站开出。至此，中欧班列 2022 年累计开行达 10000 列，较 2021 年提前 10 天破万列；累计发送货物 97.2 万标箱，同比增长 5%。（新华社 发 / 唐振江 摄）

开放带来进步，封闭必然落后。“一带一路”倡议被誉为当今世界规模最大的国际合作平台和最受欢迎的国际公共产品。宏大美好的愿景需要各国携手努力，相向而行。随着“一带一路”倡议的深化，东西方文明将深入交汇，南北方国家将更加平衡，邻国关系将更加紧密。如英国历史学家彼得·弗兰科潘所言，丝绸之路曾经塑造了过去的世界，甚至塑造了当今的世界，也将塑造未来的世界。中国将携手世界各国，把“一带一路”真正打造成一条和平之路、繁荣之路、开放之路、创新之路、健康之路和文明之路。

六、全球治理的中国方案

随着国际力量对比消长变化和全球性挑战日益增多，加强全球治理、推动全球治理体系改革成为大势所趋。秉承“天下为公”的理念，中国以负责任的姿态，积极参与全球治理体系改革和建设，不断贡献中国智慧和力量。

（一）全球经济治理的中国方案

近年来，经济全球化遭遇逆流，保护主义、单边主义上升，世界经济低迷，国际贸易和投资大幅萎缩，给人类生产生活带来前所未有的挑战和考验。经济全球化是时代潮流。大江奔腾向海，总会遇到逆流，但任何逆流都阻挡不了大江东去。中国倡导平等、开放、合作、共享的全球经济治理观，倡导走出一条公平、开放、全面、创新的发展之路。2022年1月，习近平主席在2022年世界经济论坛视频会议上指出，世界各国要坚持真正的多边主义，坚持拆墙而不筑墙、开放而不隔绝、融合而不脱钩，推动构建开放型世界经济。要以公平正义为理念引领全球治理体系变革，维护以世界贸易组织为核心的多边贸易体制，在充分协商基础上，为人工智能、数字经济等打造各方普遍接受、行之有效的规则，为科技创新营造开放、公正、非歧视的有利环境，推动经济全球化朝着更加开放、包容、普惠、平衡、共赢的方向发展，让世界经济活力充分迸发出来。

同时，全球经济治理体系要想公平有效，必须跟上时代。世界各国应该秉持共商共建共享理念，推动全球经济治理体系变革。变革过程应该体现平等、开放、透明、包容精神，提高发展中国家代表性和发言权，遇到分歧应该通过协商解决，不能搞小圈子，不能强加于人。

（二）全球人权治理的中国方案

中华民族传统文化中包含着珍贵的人权思想资源，比如民本的治国理念，以及关爱老人、妇女、儿童和弱者的价值观。改革开放以来，中国社会全面进步，人权事业快速发展，坚持把人权的普遍性原则与本国实际相结合，不断创新人权发展理念，走出了一条顺应时代潮流、符合中国国情的人权发展道路。

多年来，中国不断总结提炼自身人权保障实践经验，向国际人权事业贡献中国智慧和中国方案。1993年，中国推动亚洲国家通过《曼谷宣言》。中国作为第二届世界人权大会的副主席国，参加《维也纳宣言和行动纲领》的起草工作。中国提出的“发展对享有所有人权的贡献”的决议在联合国人权理事会通过，首次将“发展促进人权”引入国际人权体系。近年来，中国提出的推动共同构建人类命运共同体理念在国际社会引起热烈反响，多次被写入联合国人权理事会、联合国安理会等机构的决议，为推动国际人权治理向着更加公正合理包容的方向发展发挥了重要作用。

中国旗帜鲜明反对将人权问题政治化，反对借人权问题干涉他国内政。新中国成立后，中国在不断推进自身人权事业的同时，积极支持广大发展中国家摆脱殖民统治、实现民族独立、消除种族隔离的正义事业，努力提升发展中国家的发展能力、提供发展援助、进行人道主义援助，在维护世界和平与发展、推动国际人权事业发展进步等方面作出了重要贡献。

（三）全球卫生治理的中国方案

在人类历史上，传染病如影相随，天花、鼠疫、黑死病、疟疾、登革热……不一而足。在 2011 年至 2018 年间，世界卫生组织在全球 172 个国家追踪到了 1483 次传染病事件。全球卫生治理日益成为重要的国际非传统安全问题和国家安全问题。

新冠肺炎疫情发生以来，世界卫生组织为领导和推进国际抗疫合作作出了重大贡献。2020 年 5 月，习近平主席在第 73 届世界卫生大会宣布，中国将同联合国合作，在华设立全球人道主义应急仓库和枢纽，努力确保抗疫物资供应链，并建立运输和清关绿色通道。

中国坚持同国际社会加强交流合作，呼吁各国团结合作战胜疫情，并力所能及地为国际组织和其他国家提供援助和支持，积极推动构建人类卫生健康共同体，为全球抗疫贡献中国智慧、中国力量。中国本着公开、透明、负责任的态度，积极履行国际义务，第一时间向世界卫生组织、有关国家和地区组织主动通报疫情信息，第一时间发布新冠病毒基因序列等信息，第一时间公布诊疗方案和防控方案，同许多国家、国际和地区组织开展疫情防控交流活动，开设疫情防控网上知识中心并向所有国家开放，毫无保留同各方分享防控和救治经验。中国发起了新中国成立以来援助时间最集中、涉及范围最广的紧急人道主义行动。截至2021年4月，中国已向世界卫生组织提供5000万美元现汇援助，向34个国家派出37支医疗专家组，并向联合国新冠肺炎疫情全球人道应对计划提供支持，有力支持了国际社会疫情防控。2021年5月，习近平主席出席全球健康峰会，宣布将在未来3年内再提供30亿美元国际援助，用于支持发展中国家抗疫和恢复经济社会发展。在2022年世界经济论坛视频会议上，习近平主席表示，中国将再向非洲国家提供10亿剂疫苗，其中6亿剂为无偿援助，还将无偿向东盟国家提供1.5亿剂疫苗。

实践证明，有效的全球卫生治理更需要“合作、科学、非政治化”的全球多边主义，而非“一国利益至上”的单边主义。唯有秉持“人类卫生健康共同体”的理念，维护世界卫生组织的权威地位，持续加强全球卫生治理与

2021年8月20日，中国政府援助的第三批新冠疫苗运抵菲律宾首都马尼拉。（新华社 发/乌马利 摄）

合作，才是各国增进人类健康福祉的正确努力方向。在国际社会共同努力下，全球抗疫已经取得重要进展，但疫情反复延宕，病毒变异增多，传播速度加快，给人民生命安全和身体健康带来严重威胁，给世界经济发展带来深刻影响。世界各国要加强国际抗疫合作，积极开展药物研发合作，共筑多重抗疫防线，加快建设人类卫生健康共同体。常态化疫情防控条件下的经济增长新动能、社会生活新模式、人员往来新路径需要进一步探索，以推进跨境贸易便利化，保障产业链供应链安全畅通，推动世界经济复苏进程走稳走实。

（四）全球环境治理的中国方案

近年来，全球气候变暖、生物多样性减少、土地荒漠化加剧、极端天气事件频发，严重威胁着人类的生存与发展。实现“人与自然和谐共生”，就必须“敬畏自然、尊重自然、顺应自然、保护自然”，维护地球生态系统的平衡。中华文明历来崇尚天人合一、道法自然，追求人与自然和谐共生。中国将生态文明理念和生态文明建设写入宪法，纳入中国特色社会主义总体布局。中国不断加大生态环境保护和修复力度，推动绿色低碳发展，“天更蓝、山更绿、水更清”的“美丽中国”不断展现在世界面前。

作为全球生态文明建设的参与者、贡献者、引领者，中国坚定践行多边主义，努力推动构建公平合理、合作共赢的全球环境治理体系。中国一贯高度重视应对气候变化国际合作，积极参与气候变化谈判，以中国理念和实践引领全球气候治理新格局。2015 年，习近平主席出席气候变化巴黎大会并发表重要讲话，为达成 2020 年后全球合作应对气候变化的《巴黎协定》作出历史性贡献。2016 年 9 月，习近平主席亲自交存中国批准《巴黎协定》的法律文书，推动《巴黎协定》快速生效，展示了中国应对气候变化的雄心和决心。2021 年 4 月，习近平主席在领导人气候峰会上，首次全面系统阐释“人与自然生命共同体”理念，强调要坚持人与自然和谐共生，坚持绿色发展，坚持系统治理，坚持以人为本，坚持多边主义，坚持共同但有区别的责任原则。这为全球应对气候变化注入强大正能量。中国秉持“授人以渔”理念，通过多种形式的南南务实合作，尽己所能帮助发展中国家提高应对气候变化能力。从非洲的气候遥感卫星，到东南亚的低碳示范区，再到小岛国的节能灯，中国应对气候变化南南合作成果看得见、摸得着、有实效。中国建立中欧环境与气候高层对话机制，并继续开展应对气候变化南南合作，启动中非环境合作中心，积极推动“2020 年后全球生物多样性框架”进程。2021 年 10 月，习近平主席在《生物多样性公约》第十五次缔约方大会领导人峰会上表示，中国将率先出资 15 亿元人民币，成立昆明生物多样性基金，支持发展中国家生物多样性保护事业。中国将生态文明领域合作作为共建“一带一路”重点内容，发起系列绿色行动倡议，采取绿色基建、绿色能源、绿色交通、绿色金融等一系列举措，持续造福参与共建“一带一路”的各国人民。中国已提出力争2030年前实现碳达峰，努力争取2060年前实现碳中和，这是中国基于推动构建人类命运共同体的责任担当和实现可持续发展的内在要求作出的重大战略决策。截至2020年，中国单位国内生产总值二氧化碳排放较2005年降低约48.4%，超额完成下降40%—45%的目标。

生态文明是人类文明发展的历史趋势。国际社会应携起手来，秉持生态文明理念，共同构建地球生命共同体。只要国际社会同舟共济、守望相助，人类必将能够应对好全球气候环境挑战，把一个清洁美丽的世界留给子孙后代。

图书在版编目（CIP）数据

礼在中国 / 李肇星，王静云主编 . -- 北京：外文
出版社，2022.10
（读懂中国）
ISBN 978-7-119-13213-6
Ⅰ . ①礼… Ⅱ . ①李… ②王… Ⅲ . ①礼仪－文化研
究－中国 Ⅳ . ① K892.26
中国版本图书馆 CIP 数据核字（2022）第 194005 号

出版策划：国家创新与发展战略研究会
出版指导：陆彩荣
出版统筹：胡开敏

责任编辑：杨　璐　刘倩雯
装帧设计：柏拉图创意机构
印刷监制：秦　蒙

礼在中国

李肇星　王静云　**主编**

出 版 人：胡开敏
出版发行：外文出版社有限责任公司
地　　址：中国北京西城区百万庄大街 24 号　　**邮政编码：**100037
网　　址：http://www.flp.com.cn　　**电子邮箱：**flp@cipg.org.cn
电　　话：008610-68320579（总编室）　008610-68996094（编辑部）
008610-68995852（发行部）　008610-68996183（投稿电话）
制　　版：北京杰瑞腾达科技发展有限公司
印　　刷：北京盛通印刷股份有限公司
经　　销：新华书店 / 外文书店
开　　本：700mm × 1000mm　1/16　　**印　　张：**10.25　　**字　　数：**70 千字
装　　别：精装
版　　次：2022 年 10 月第 1 版　2023 年 3 月第 1 版第 2 次印刷
书　　号：ISBN 978-7-119-13213-6
定　　价：68.00 元